青少年問題行為與對策
——42個案例討論

林怡禮、陳嘉彌◇著

前言

　　長久以來，學校教育工作者一直面對學生行為輔導與管理的挑戰及壓力，特別是當某些舊問題逐漸解決後，新的問題又逐漸浮現出來。幾十年前學生在學校中所謂「重大的」行為問題，大多是抽煙、偷竊、奇裝異服、口角紛爭、徒手打鬥等事件，時過境遷，這些行為問題和現今校園學生問題行為相比較，反而只是些「小事情」。以當前校園中日益嚴重的青少年暴力及嚴重的紀律問題——如吸毒、酗酒、懷孕、自殺、強暴、凌虐、搶劫、殺人、闖空門、縱火、爆炸等，不僅讓教育工作者驚愕，有些事件更令人不知所措。

　　雖然有關學生的社會問題紀錄及在校犯罪數據等資料並不完整，但有許多指標已顯示出與日俱增的青少年問題：

1. 青少年自殺、暴力與凌虐等事件成了大眾媒體上常見的標題。
2. 討論青少年問題行為的論文及報告所使用的實例逐年增加，且其犯罪類型也逐漸與成人的犯罪型態與過程相似。
3. 中輟生的人數近五年始終維持在7,000～9,000人／年之間，雖然政府用強制性的法令試圖找回中輟生返回校園，實際成效卻令人質疑。
4. 校園縱火與蓄意破壞的案例頻傳，每年的財產損失達數百萬元。
5. 青少年因社會犯罪案件而遭逮捕的人數急遽增加，且犯罪年齡層有逐向下降的趨勢。

6. 參與幫派的青少年人數逐漸增加，幫派組織儼然成為學校
   文化的一部分。

上述現象的發生原因，有些人將之歸咎於媒體不當報導的負面影響，有些人指出是傳統家庭結構改變的結果，有些人認為是家庭的教養不當，有些人認為學校教育與整體教育制度的失敗，有些人把它和傳統價值觀的瓦解連結在一起，也有些人以較為宏觀的眼光認為它是日積月累的社會問題所反映出來的一個病態社會現象。

暫且不考慮這些行為背後的成因，教育工作者在期許學生表現能符合大眾期望的目標之前，必須先認識與處理學生可能發生的問題行為，同時也要具備宏觀解決問題的策略。缺乏這樣的能力，他們將陷入無法預防危機與根絕問題發生的狀態，而僅是不斷壓榨自己的精力與資源在「救火」與「疲憊」的情況中。在當前社會急速變遷與教育改革的關鍵時刻，注意青少年的問題行為，並探究有效的解決途徑與方法，是關心教育者最為迫切需要努力的一項工作。

傳統上，學生的問題行為單靠學校的行政人員、專業輔導老師或導師的努力解決，已被證明是「失敗」而無效的工作。任何來自個人部分的努力與解決之道，其成效可能是有限的，或是毫無目標性的拖延策略。它可能讓尚未解決或潛在的問題持續浮現出更大的危機，擴大出未來的危險性與嚴重性，加深一般公眾的憂慮。教育工作者在經歷許多解決無效與失敗的案例後，應深刻覺悟與瞭解到：除非他們找出共同的合作者，有系統地網羅家長和相關社會服務機構的支持，並以制度化方式將所有參與者結合

成一個解決青少年問題行為的工作網絡，否則學校教育將永遠不可能有效地面對目前青少年問題行為的挑戰。

　　本書所提供的案例乃採自學校相關行政人員、專業輔導老師及一般老師們親身遭遇的真實經驗，部分實例援引自北美地區的中、小學曾發生的個案，他們的問題行為很可能逐漸浮現在台灣的學校與社會當中。作者們根據三項標準來選擇本書的42個案例：

1. 能典型反映當前教育工作者可能遭遇到的問題。
2. 直接或間接與學生相關的例子，但學校人員的問題則不在此列。
3. 能描述學生問題行為與家庭、學校及社會三者有密切關係。

　　儘管每個案例所描述的問題本質相當複雜，且牽涉的面向相當廣泛，可以用不同角度與方法來分類這些個案材料。但為使某些案例與解決策略便於討論，這些案例將就相關性與可辨識的特點下，以宏觀方式區分為六個類別：

第一部分是關於學生對班規與校規挑戰的案例。
第二部分專注於討論學生在校內的挑釁行為。
第三部分討論學生在性方面的不良行為與犯罪的案例。
第四部分關注於發生在潛在衝突者間的緊張關係，所引發意外事件的案例。
第五部分討論因家庭或學校疏忽而產生「邊緣」學生問題的案例。

第六部分討論可能會危害學校與社區關係議題的案例。

這42個案例幾乎是教育工作者每天都會遇到相同或類似的情節。每個個案都先陳述個案的背景,再敘述行為事件的經過與結果,藉由小性質的問題出現,再導引出更多嚴重且複雜的問題。這樣的方式可以幫助讀者逐漸發現個案問題的基本變數,以逐步找出解決問題的方法,而後針對不同向相對此案例的影響,發展出多樣化的解決策略。為保護案例主角的隱私權,相關人物的名字與場景都做了更改。

為了區別於其他相關書籍,本書並未對每個個案的問題提出解決良策,而是導引讀者從不同角度來思考討論每個個案的問題與可以解決的方法。換言之,它不只是從單一觀點 —— 如單由行政人員、專任輔導老師、班級導師或關心教育人士的角度 —— 所呈現的案例教材,而是嘗試讓每個案例都能包含行政人員、專業輔導教師、班級導師及關心教育人士的觀點與綜合性看法,使校內與社區中所有相關人員都能夠共同參與。運用此種方式,能更彈性、周延地涵蓋不同人士的觀點與理論,得出的結果不僅呈現出問題的全面癥狀,並且可以找出解決此一問題的短期和長期策略。這些案例教材對大學生、研究生或在職教育人員學習與探究青少年問題行為與發現對策將有很大的助益。

本書可適用於教授教育行政、青少年輔導諮商、班級管理、和青少年問題研究等課程的主要教材或輔助教材。授課教師可著重於某些特定問題做為討論或指導的焦點,而跳過其他練習的部分;另一方面,本書也適合作為不同科系學生修習有關青少年問題研討課程的閱讀資料。

　　此外，本書也適合作爲教育人員在職進修的研討教材。解決青少年的問題行爲，不是某些特定人士的責任。學校人員除鼓勵校內相關教師採取團隊方式處理有困難的學生問題，也應融入家長、社區、相關機構的參與及協助，而這些人員都需要進行這方面的研習成長。

　　整體而言，本書中有一些具爭議性或發生在北美地區學校而台灣罕見的案例，它們的處置方式及規定與國內者有所不同，卻可以提供參與者在教學過程中論辯思維的題材與新的刺激。每個案例在分析問題或解決問題時，可能產生利弊兩難與相互角逐的討論現象，學生在學習過程中思維因此變得更爲活絡，進而積極參與討論，而提昇學習的動機與興趣。本書藉由個案來連結理論和實際，它創造出發展學習者對有關青少年發生問題行爲的危機思考、問題解決、決定策略、實習操作及與在職教師互動建設性回饋的機會，是一個訓練大學生、研究生及在職教育工作者熟習解決青少年問題行爲的有用工具。

　　最後要向馬偕醫院臺東分院精神科主任陳灼彭醫生、臺東醫院精神科陳明哲主治醫師致謝，他們提供相當多有關於青少年問題行爲的主要徵狀，及行爲診療法的說明。有關個案中不同行爲療法的說明，本書援引自下列書籍，讀者如需更詳細資訊，亦可參閱：

　　曾文星、徐靜（民86）。現代精神醫學。台北：水牛出版社。
　　陸雅青（民84）。藝術治療。台北：心理出版社。
　　胡海國、林信男編譯（民85）。精神與行爲障礙之分類。台北：中華民國精神醫 學會。

林怡禮　陳嘉彌

目錄

第三部分　不當的性行為與犯罪行為　61

第四部分　與潛在衝突者間的緊張關係所引發的意外事件　79

第五部分　家庭與學校忽略的邊緣學生　93

第六部分　危害學校與社區關係的學生議題　121

第一部分

對班規與校規的挑戰

✎個案1：逃學的學生

▌ 學生背景

　　十四歲的國二男生大偉，現在和母親同住。他曾經因惹上官司，被法院判決接受感化教育兩年。服刑期間規定他必須準時回校上課，並應遵守校規。為確保大偉遵守法院指令，負責輔導大偉的少年保護官、社會局社工人員、教育局負責處理逃學事件的官員、學校義工及心理輔導專家等人員都緊密聯繫，建立一套監督及支援系統以矯正其行為。

　　此段期間，大偉在學校的生活看來相當愉快。他結識一些朋友，並完成分內大部分工作；學校的老師亦對他在校內的表現和合作精神留下深刻良好的印象。他們甚至認為大偉是一名難得的模範生。

▌ 發生事件

　　但當兩年感化教育期結束，大偉開始「故態復萌」。整整十二個星期，他只回校上課半天。雖然其母親和校方十分合作，但仍無法讓大偉準時回校上課。每天早上，他懶洋洋地躺在床上，不肯起床，終日只顧觀看電視節目。然而按照法院的規定和教育局的政策，只要家長依然和學校合作，就無權因為家長未能使大偉回校上課，而向家長提出告訴。

▌ **學習活動：**

A 為學校行政人員而設計的學習活動：

(一) 有一段時期，學校和家庭曾經成功地使大偉回校上課，
到底他是不是「故態復萌」？學校方面可以怎樣做來扭
轉局勢？
(二) 學校如何協助大偉的母親，以勸導他回校上課？
(三) 你有什麼計畫，以誘導學生準時回校上課？

B 為輔導教師而設計的學習活動：

(一) 你如何與社區的心理專家合作，以瞭解大偉是否對學校
懷有恐懼症，或是其他心理不安的病症？
(二) 在學校的個人成長小組，你如何使大偉和其他有問題的
學生，願意參與討論自我尊重和交友的問題？
(三) 你怎樣利用親師輔導的技巧，使大偉和他的母親能溝通
得更好？

C 為導師而設計的學習活動：

(一) 假設大偉只是因為父母的要求才回校上課，請說明你將
會如何讓大偉對學校產生興趣？
(二) 假設大偉對學校失去興趣，再深入思考，他之所以回校
上課，除了要服從父母命令之外，是否還有其他原因？
而你又可以如何做，使大偉對課業能產生興趣？

(三) 你如何使學生瞭解「全人教育❶」的重要性和價值？

D 爲對相關教育法令有興趣的教育工作者而設計的學習活動：

(一) 拒絕回校上課是否違反少年事件處理法？
(二) 爲何要強制性地令青少年回校上課？憲法不是容許個人享有自由選擇的權利嗎？

E 爲採用小組討論的教育工作者而設計的學習活動：

集體草擬一份完全符合法令的計畫，並協調校長、輔導教師及導師等人通過採取的策略，對本個案所列舉的問題提供短期和長期的解決方案。

註 釋

❶全人教育：注重在個人與社區、社會的互動中，如何展現多方面的才能，包括人際溝通及適應各種社會情境的能力，同時也強調健康圓滿的人格成長、道德品質和社會責任感。

✎個案2：注意力不集中的學生

▌學生背景

就讀國一的德明，長期以來，是一位使教師和校方都感到頭痛的學生。他的問題主要是：粗心大意及不能專心向學。他曾經被醫生診斷為罹患「注意力缺損障礙症❶」，需要服藥治療。但是，他的父母以經濟困難為由，無法經常購買藥物供他定期服用。

不久，德明的行為由粗心大意和不專心學習擴大至公然藐視師長，例如，拒絕遵照教師的指示和咒罵代課老師。為此，依照校規，德明被學校處分。

▌發生事件

德明被處分後，繼續公開藐視教師，由於他的行為逐漸帶有「侵略性」，現在更是對其他學生構成威脅。

校方指出，如果情況仍未改善，將會要求德明轉學。但他的父母央求校方仍讓他留在原校就讀。

▌ 學習活動

A 為學校行政人員而設計的學習活動：

(一) 對德明家長提出的請求，你會做出什麼樣的回應？

(二) 如果你被選定負責處理此事，但又未能適當處理，這樣將會使其他學生或教師懷疑你的專業和處事態度是否公正，進而產生什麼樣的影響？

(三) 你個人認為，其他學生的安全和學習氣氛是否會明顯地受到影響？

(四) 列舉您解決此案的長期策略。

B 為輔導教師而設計的學習活動：

(一) 你將會根據那種理論去輔導德明？其根據何在？

(二) 你將如何和德明的家長合作，進行一項矯正他在家庭和學校行為的計畫？

C 為導師而設計的學習活動：

(一) 你需要知道哪些更多有關德明的事情？

(二) 你將會運用哪種策略來輔導德明，使他無須經常服藥治療他所患的「注意力缺損障礙症」？

(三) 你如何使德明參與多項改變他本身行為的計畫？

(四) 德明和同學及父母的關係到底怎麼樣？他被學校處分後，對這些關係產生什麼影響？

(五) 你能否正確評估德明的行爲，以提出一些有效改變其行爲的建議？

D 爲對相關教育法令有興趣的教育工作者而設計的學習活動：

(一) 根據相關法令，請德明轉學是否合法？
(二) 繼續輔導一名在生理上顯然無法控制，而本身又具侵略行爲的學生，是否有其必要？

E 爲採用小組討論的教育工作者而設計的學習活動：

集體草擬一份完全符合法令的計畫，並協調校長、輔導教師及導師等人通過採取的策略，對本個案所列舉的問題提供短期和長期的解決方案。

註 釋

❶注意力缺損障礙症（attention deficit disorder）：乃指注意力欠佳，不容易集中持久，動作過多，且具有衝動性等症狀的病情，通常病發於五歲之前。這些障礙通常在整個求學過程都存在，甚至持續到成年。普遍有認知障礙、特定運動和語言的發展遲滯、閱讀困難等。

✎個案3：對老師消極抵抗的學生

▚ 學生背景

在鄉下學校就讀的美寶，是一位表面快樂，但習慣將心事隱藏在心底的十三歲女學生。自年初她敬愛的祖母逝世後，美寶就變得更加沉默、退縮。加上她的學業日漸退步，有些科目甚至不及格。當她的導師勸導她應加倍努力時，美寶竟然要導師不要煩她。

▚ 發生事件

一天早上，上數學課時，美寶拒絕做任何作業。下課時，她仍然坐在座位上，沒有和其他同學一樣，到另一間教室上課。但當另一位教師請求她離開，以便讓另一班學生使用該教室時，美寶卻執意留在座位上，不肯離開。該名教師在多次請求依然無效之後，只好稟告校長，尋求解決之道。

▚ 學習活動

A 為學校行政人員而設計的學習活動：

(一) 你能否及時解決像美寶這樣不肯離開教室的問題？

(二) 你可以採取哪些替代的方法，以避免類似問題再度發生？

(三) 你將會憑藉哪種長遠策略，以協助像美寶這樣的學生？

B　為輔導教師而設計的學習活動：

(一) 草擬一份行動計畫，詳列你協助美寶面對因喪失祖母而對人產生怒氣的步驟。

(二) 你如何協助學生克服喪失親人帶來的悲傷？

(三) 你將如何誘導美寶寫日記─把她喪失祖母後的每日感受和想法記錄下來，以幫助她學習調適死別的悲傷？

C　為導師而設計的學習活動：

(一) 你將如何和美寶進行相互交流與影響？

(二) 在課程範圍內，你將如何與高中及國中學生討論有關死亡等人生哲理的話題？

D　為對相關教育法令有興趣的教育工作者而設計的學習活動：

(一) 依技術層面來看，美寶的消極抵抗，是否構成對教師的「持久藐視」？

(二) 根據現在的教育政策及美寶個案顯示的情況，能否命令美寶休學？並試解釋其中之依據。

E　爲採用小組討論的教育工作者而設計的學習活動：

　　集體草擬一份完全符合法令的計畫，並協調校長、輔導教師及導師等人通過採取的策略，對本個案所列舉問題提供短期和長期的解決方案。

✎個案4：在校刊上誹謗老師的學生

▌ 學生背景

凱琳是一位生長於小康家庭，聰明伶俐、在學校表現相當活躍的高二女生，她的成績優異，目前就讀一所位於大都市的名校，該校畢業生考上大學的比率十分高。

此外，凱琳也積極參與許多課外活動和班聯會事務。她現在是校刊編輯，她曾經讓朋友知道她將在下學期角逐班聯會主席。

因此，不少老師認為，凱琳這樣做未免失之坦率，並且多次暗示她應謙虛一些。另一方面，由於老師對她期望很高，當這些期望無法兌現時，老師便會流露出失望的神情。

此外，凱琳又是一位個性衝動，容易受同儕煽動和影響的女孩。

▌ 發生事件

最近，學校有些高一學生和擔任理化科的一位男教師發生爭吵。這名男教師是位有二十五年教學經驗的資深教師。據該班學生說，這位教師很少備課、講義又殘又舊，了無新意。此事引起凱琳的注意，她未查證指控的確實性，亦沒有取得負責指導校刊事務的顧問同意，就自行決定在校刊以頭條新聞方式，刊登該班

同學對那位男教師的指控。她更在校刊發表評論文章，猛烈抨擊學校管理階層出賣該校的聲譽，並且對某些教學不佳的教師，沒有提供適當的監督。

於是，校長在飽受困擾的情況下，仔細審閱校刊內有關學生對該位男教師批評的文章，並傳召凱琳到校長室瞭解實情。

▌學習活動

A　爲學校行政人員而設計的學習活動：

(一) 你如何輔導像凱琳這樣的學生？

(二) 你打算如何和那位理化科教師討論此事？

(三) 總括來說，你是否會指導參與編輯和撰寫文章的學生？

(四) 在校內是否有正式的管道，讓校方能分享學生們對與教師有關事項的關心？

B　爲輔導教師而設計的學習活動：

(一) 你如何用其他方式去處理凱琳的憤怒？

(二) 身爲輔導教師，你將如何恰如其分地擔任凱琳、理化科教師及校長之間的調停人？

(三) 在小組討論會上，你將如何向那些聰明伶俐、但又愛堅持己見的學生教授與人談判和對質的技巧？

C　爲導師而設計的學習活動：

(一) 凱琳要對其他學生負什麼責任？

(二) 你認爲凱琳的目的是什麼？你又會如何指導她以另一種減少衝突的態度以達到她的目標？

(三) 若你被委任爲負責指導校刊出版的顧問，你將會怎樣處理此事？

(四) 你認爲在授課時，是否有機會去加強學生之間的責任感？

D　爲對相關教育法令有興趣的教育工作者而設計的學習活動：

(一) 在報章刊登一些對他人「侮辱人格」的文章，是否構成誹謗罪？

(二) 法庭是否會認爲凱琳犯了誹謗罪？

E　爲採用小組討論的教育工作者而設計的學習活動：

集體草擬一份完全符合法令的計畫，並協調校長、輔導教師及導師等人通過採取的策略，對本個案所列舉問題提供短期和長期的解決方案。

✎個案5：企圖作弊的學生

▌學生背景

就讀高三的阿珍是位聰明伶俐的少女，其父親是一位知名的地方議員。她被學校教務處聘用爲工讀生，而她本人則期望可以獲取獎學金以繼續升讀大學。

▌發生事件

一個星期三下午，阿珍被學校一名職員帶到校長室，該職員聲稱有教師在學校辦公室，發現阿珍企圖偷取高三期末考試卷的試題和答案。

▌學習活動

A　爲學校行政人員而設計的學習活動：

(一) 你如何在阿珍首次犯規，與她對學校所做的貢獻之間，做出不偏不倚的裁決？

(二) 你認爲在這宗個案當中，阿珍爲何如此容易接觸到教務處的資料？學校的行政人員是否也有責任？

(三) 研討一些你們可能用來解決此個案的方法，並列舉每個

解決方案之正反雙方的理由，然後選擇最佳的可行方案。

(四) 檢討貴校對處理企圖作弊的策略，而現在處理此個案的方法是否恰當？

(五) 總括來說，你如何鼓勵學生不要作弊？

B 為輔導教師而設計的學習活動：

(一) 你將會採取下列那種方法 —— 以當事人為中心的療法——「認知重建治療❶」、「現實治療❷」或「折衷治療❸」等方法，以對阿珍進行輔導？你所持的理由何在？

(二) 身為輔導教師，你認為阿珍應否把她的作弊計畫告訴你？

(三) 你如何協助阿珍擬定一套自救計畫，使她保持自我價值、維持自信及肯定自我？

C 為導師而設計的學習活動：

(一) 思索一下阿珍要偷取期末考試卷答案的原因。

(二) 在你任教的班上，其他學生是否認為他們也需要採取同樣的行動？理由為何？你將如何處理？

(三) 如何適當地把不誠實、作弊等影響品格的課題，巧妙地編入你所教授的課程內？

D 為對相關教育法令有興趣的教育工作者，而設計的學習活動：

(一) 企圖詐騙、作弊是否構成一種「刑事罪行」？
(二) 我們的法令能否處理諸如學生企圖作弊這類違規行為？

E 為採用小組討論的教育工作者而設計的學習活動：

集體草擬一份完全符合法令的計畫，並協調校長、輔導教師及導師等人通過採取的策略，對本個案所列舉的問題提供短期和長期的解決方案。

註　釋

❶認知重建治療（cognitive restructuring therapy）：認知治療的要點是糾正病人非功能性的認知問題，企圖透過病人對己、對人或對事的看法與態度的改變，來改善所呈現的心理問題。

❷現實治療（reality therapy）：讓個案說出當下的、現實的感受，把注意力集中在解決此時此刻的困境或問題，並可以用來解決過去及預測未來，評估當前的能力及資源，提出建設性解決之道。

❸折衷治療（eclectic approach）：是一種綜合運用的治療技巧，採取折衷的、兼容並蓄的態度，運用各種不同的資源，找出最適用於個案的方式，做最妥善的治療。

✎個案6：拿刀械向同儕炫耀的學生

▶ 學生背景

此件個案發生於一所位於都市的小學，就讀該校的學生大部分來自勞工階層的家庭。該校最近進行的一項統計顯示，這間小學有百分之三十以上的學生由單親父母或繼父、繼母撫養。

▶ 發生事件

某日，任教於四年級的鍾老師，帶領校工阿利到校長室。鍾老師對校長說：阿利曾看見一名學生在下課時，拿出一支扁鑽向其他學生炫耀。

校長於是根據阿利所提供的線索，追查到六年級男生阿福身上。但阿福表示，他已把那支扁鑽交還給五年級男生阿本。

校長立即傳召阿本到校長室接受問話。經過一番軟硬兼施的勸誘後，阿本終於透露那支扁鑽收藏在他用來放置便當的袋子內。於是校長要求阿本打開袋子查看，果然發現袋內藏著一支扁鑽。經過進一步盤問後發現，那支扁鑽竟然是阿本的爸爸送給他的十一歲生日禮物，而他拿那支扁鑽到學校，是要向同學炫耀。

▌ 學習活動

A 為學校行政人員而設計的學習活動：

(一) 你將會如何處置阿本？

(二) 此件個案，你認為家長要負的責任有多大？

(三) 你會請求警方協助、調查此類個案嗎？

(四) 貴校是否有裝置保全系統？

(五) 你是否擬定了一些勸導學生不可攜帶危險物品到校的短期及長期策略？

B 為輔導教師而設計的學習活動：

(一) 做為阿本的輔導教師，你將如何以更具建設性的方法，為阿本擬定一套使他能受人肯定的計畫？

(二) 你會在個人成長小組內，將如何運用實物療法的原則，去輔導像阿本和阿福這類學生？

(三) 你與阿本的父親進行會談時，你會說些什麼？

C 為導師而設計的學習活動：

(一) 你如何解釋阿本帶扁鑽到學校向同學炫耀的目的？

(二) 假設那支扁鑽曾在不適當的場所使用過，你將會如何處理此事？

(三) 若你懷疑班上某些學生曾帶危險性武器到校，你將會怎麼做？

(四) 你將會在什麼場合，讓學生知道「玩弄」武器的危險？

(五) 你是否有充分的理由擬定防止暴力課程？

D　為對相關教育法令有興趣的教育工作者而設計的學習活動：

(一) 若校長在調查期間，曾對學生進行勸誘或嚇阻，而稍後則採取法律行動，你認為法院能否接納學生的證供？

(二) 學生攜帶武器到校，觸犯哪些刑事法令？

(三) 若一名學生帶武器到校，傷害了另一個學生，學校是否會被控「業務過失罪」？

E　為採用小組討論的教育工作者而設計的學習活動：

　　集體草擬一份完全符合法令的計畫，並協調校長、輔導教師及導師等人通過採取的策略，對本個案所列舉的問題提供短期和長期的解決方案。

✎個案ㄱ：在教室內偷竊的學生

▼ 學生背景

就讀國一的梅伶，父親為當地一家公司的總經理。由於梅伶是家中的獨生女，因此，她的零用錢不虞匱乏。有時候，當零用錢花光，她會擅自從母親錢包拿走金錢，購買自己喜愛的東西。母親曾發現梅伶私自偷取她皮包內的鈔票，告誡她下次不准再犯。

▼ 發生事件

某日，還有數分鐘英語課就要下課時，教授此班英語的羅老師，奉令離開教室到教務處一趟。於是羅老師把錢包放在講桌上先行離開。但是在她趕回該教室之前，剛好下課鐘響起，整班學生逐離開教室，成群結隊前往理化教室繼續下一節的課。梅伶趁沒有人注意，偷偷返回教室，打開羅老師的錢包偷取金錢。當羅老師返回教室時，發覺錢包被人動過，而裡面的三千元現金竟不翼而飛。為此，她立即向校長報告此事。

校長和羅老師經過簡短會商之後，認為上英語課的國一學生（梅伶那一班）最讓人懷疑。於是兩人一起衝進理化教室，要求學生認錯，讓校方確定是誰犯案。校長公開向學生保證，若有學生自行招認，校方將不會對他採取校規處罰。然而，始終無人肯出來認錯。校長在無計可施的情況下，和理化教師一起開始搜查全

班學生。首先他們要求學生把書包和口袋內的東西全部掏出來，然後逐一打開錢包讓他們檢查。結果，他們發現包含梅伶在內，共有三名學生嫌疑最大，原因是他們的錢包內很不尋常地有大量現鈔。

於是，這三名涉有重大嫌疑的學生被帶到校長室。校長當著羅老師的面，開始逐一盤問此三名學生，詢問他們錢包為何藏有大量現鈔，以及帶錢到校的目的，並且打電話向他們的家長求證。只有梅伶無法解釋為何從家中攜帶大量現鈔到校。校長恐嚇梅伶，若她不承認，則校方將會命令她暫時休學，並報警處理此事。梅伶在此壓力下，終於承認在教室偷竊羅老師的錢。校長立即與警方聯繫，並把此事呈報駐區督學。

▌ 學習活動

A　為學校行政人員而設計的學習活動：

(一) 你是否同意校長的做法？試著解釋你的立場。
(二) 你如何提醒其他學生不可做效梅伶的行為？
(三) 你將如何要求家長協助配合，防範在校內的偷竊行為？

B　為輔導教師而設計的學習活動：

(一) 你將如何透過正面途徑，幫助梅伶重新塑造一個新的形象及高度的自我尊重？
(二) 你怎樣以更安全及更具建設性的方法，使梅伶能調整在

興趣、占有慾及權力等需求，以滿足她的需要？

(三) 你將運用那些家庭輔導策略，使梅伶與她的父母能改善彼此的溝通？

C　爲導師而設計的學習活動：

(一) 詳細討論你們對該校處理此件個案的看法。

(二) 當討論完畢時，請說出你們將會考慮採用什麼方案，去處理此件個案。

(三) 你認爲在學校計畫當中，有哪些可運用來向學生解釋偷竊行爲的不正當性？

D　爲對相關教育法令有興趣的教育工作者而設計的學習活動：

(一) 你認爲此案校方是否有資格搜查學生的書包和錢包？

(二) 你是否認爲校長室進行的盤問程序，如同「刑事調查」？

(三) 若校長決定對梅伶採取法律行動，你認爲法院是否會採納梅伶於校長室的「供詞」？

E　爲採用小組討論的教育工作者而設計的學習活動：

集體草擬一份完全符合法令的計畫，並協調校長、輔導教師及導師等人通過採取的策略，對本個案所列舉的問題提供短期和長期的解決方案。

✎個案8：吸毒的學生

▌ 學生背景

　　十四歲的順吉和十五歲的文賓是莫逆之交。兩人有相同的家庭背景——父母都是勞工階層，也同在市區的一所中學唸國三，此外，順吉和文賓皆有被以前唸的學校退學的紀錄。因此，他們倆現在就讀的學校，對兩人過去的問題行為、違反校規的事件，甚至不服從師長訓誨的行為，都有檔案詳細記錄下來，而兩人在別無選擇的情況下，不得不在該校就讀。

▌ 發生事件

　　某日早晨，兩人一起曠課，溜到街上購買香煙，一番吞雲吐霧後，又一起返回學校上課。當老師察覺兩人神情不對時，立刻向校長報告，希望他能注意此事。另外根據一些學生表示，他們曾看見順吉和文賓在學校附近吸食安非他命。

▌ 學習活動

A　為學校行政人員而設計的學習活動：

(一) 在順吉和文賓此件個案中，教師向你報告當時情況之

後，你將會如何立即地處理？

(二) 你應該透過誰來幫助校方處理與學生的爭執？你期望各方扮演什麼角色？

(三) 除了運用現行校規處罰外，你還有什麼長遠解決方案，以處置那些涉嫌非法吸毒的學生？

B　為輔導教師而設計的學習活動：

(一) 你會運用何種家庭輔導策略，對順吉與文賓以及他們的家人進行輔導？

(二) 你將如何運用「空椅治療 ❶」，使順吉和文賓自述他們在吸毒前和吸毒後性情的轉變？

(三) 你將會如何協助順吉與文賓，用一個比吸毒更具建設性的方法，以達成他們對自由、歡樂及權力的需求？

C　為導師而設計的學習活動：

(一) 你如何與順吉和文賓合作，為他們創造一個更理想的學習環境？為達到這個目的，你還需要知道些什麼？

(二) 若你在所教授的班級內，看到學生神智不清，類似吸毒一般，你是否會與此個案的教師一樣，採取同樣行動？請解釋一下你的立場。

(三) 吸毒要達到什麼程度，才是一項更加複雜與深入的問題？

(四) 若要落實「預防勝於治療」，你將如何在教學之餘和學生討論吸毒問題，以及吸毒的害處？

D 爲對相關教育法令有興趣的教育工作者而設計的學習活動：

(一) 根據毒品危害防制條例，購買毒品吸食是否爲一項犯法行爲？

(二) 若順吉和文賓把這些受管制的物品（例如：毒品）交給校內其他同學，則他們是否觸犯刑事罪？

E 爲採用小組討論的教育工作者而設計的學習活動：

集體草擬一份完全符合法令的計畫，並協調校長、輔導教師及導師等人通過採取的策略，對本個案所列舉的問題提供短期和長期的解決方案。

註 釋

❶空椅治療（the empty chair）：屬於心理劇治療的一種方式，「空椅」代表一個假設且對個案有意義的人，或代表個案自己，透過角色扮演或互換，去推知個案的心理問題。

✎個案9：販售違禁品的學生

▌ 學生背景

十四歲的中學生少恩，雖然父母無固定職業，但一家人依然過著「豐衣足食」的生活。少恩的父母很少參加學校的活動，亦很少到學校和少恩的導師談話。每當他被問及父母行蹤時，少恩總是佯稱父母離家工作未歸，而工作的地方大多數是外縣市。

坦白說，少恩上課情形的紀錄欠佳。然而，他在學校卻受到部分同學的歡迎，原因是他有時表現得十分慷慨，譬如：他經常在下課時請同學抽煙；少恩也喜歡向同儕炫耀最近所獲得的一些貴重物件——諸如：手錶、電玩和名牌球鞋等。偶爾，他也會邀請同學回家吃喝玩樂。

▌ 發生事件

某日下課時，少恩被人發現和一名曾在校園附近徘徊一段時間的陌生人閒談。後來，兩人交談一會兒後，少恩交給陌生人一些現鈔，然後從陌生人手上拿走一小包東西趕回校園。稍後，少恩的一夥「兄弟」一個跟著一個圍攏著他。由於距離太遠，在校園負責巡視的楊老師無法看清楚少恩一夥人到底在做什麼。然而，當少恩盡力要他的「兄弟」安靜下來，以免引起外人太大注意時，人群當中反而出現一陣騷動和喧嘩。於是，楊老師決定走近人群探個究竟，但當學生們發現楊老師走近，便一哄而散。當

少恩接受楊老師問話時，無法提供令楊老師感到滿意的答案。而他那凸起的口袋卻引起楊老師注意，於是楊老師要求少恩把口袋內的東西全部拿出來檢查，卻被少恩斷然拒絕。最後，楊老師只好把少恩帶到校長室見校長。

　　當校長命令少恩把口袋裡的東西全部拿出來，赫然發現有一包重約四克的「安非他命」。經過多番追問之後，少恩坦認那包毒品是他父親的一位朋友交給他，而那個人就是楊老師在校園附近看到的陌生人。校長獲悉此事，立即和警方聯絡，並且和接受報案趕到學校的警官商討少恩透露的一切情報。

▌ 學習活動

A　為學校行政人員而設計的學習活動：

(一) 你同意校長所採取的行動可以達到什麼程度？並試著解釋你的立場。

(二) 你是否已在學校範圍內裝置監視系統，藉此阻止陌生人在校園內進行任何可疑活動？

(三) 請列舉一些你處理學生買賣毒品問題的短期及長期方案。

(四) 你將會採取什麼行動與少恩的父母聯絡並溝通此事？試解釋你的行動細節。

B 爲輔導教師而設計的學習活動：

(一) 你將如何在小組討論中，以少恩和其他同學之用「不正當手段」結交「朋友」爲題，向組員解釋「友誼」的眞諦？

(二) 你將如何拓展一個由輔導室所領導，爲邊緣學生而設立的熱線、輔導網絡？

(三) 請講述一下你怎樣運用「老大哥」或「匿名吸毒者」的現身說法，以教導少恩這類學生，培養積極、正向的人生態度，進而追尋他所需要得到的東西。

C 爲導師而設計的學習活動：

(一) 仔細討論此個案內的各種錯綜複雜的因素。

(二) 依序運用個案中的每項複雜因素，並將之轉化爲一種策略，以協助那些有同樣際遇的青少年。

(三) 若你在校園巡邏時，碰到一位類似此個案中如楊老師所見到的陌生人，你將會怎樣做？

(四) 若你在教室內逮到學生販毒的證據，你將會怎樣做？

(五) 你是否會利用此個案當中的任何一部分，勸導學生切莫參與販毒活動？

D 爲對相關教育法令有興趣的教育工作者而設計的學習活動：

(一) 當你碰到在此個案中所陳述的陌生人，你是否會用「逮捕現行犯」的名義，將他逮捕？若你行使此項權利後，

突然發覺判斷錯誤，則有關的法律細節為何？

(二) 請檢討一下校長的調查手法。你認為校長所用的是普通
盤查抑或是調查罪犯的盤問手法？解釋一下兩者的差
別。

(三) 根據法院的審判準則加以衡量，你是否認為校長在尋找
一個「合理裁決」？

(四) 你認為法院是否會接納校長向警員傳遞的情報？理由何
在？

E　為採用小組討論的教育工作者而設計的學習活動：

集體草擬一份完全符合法令的計畫，並協調校長、輔導教師
及導師等人通過採取的策略，對本個案所列舉的問題提供短期和
長期的解決方案。列舉一些解決此問題的長期方案。

第二部分

學校中的挑釁行為

✎個案１○：用粗言穢語辱罵老師

▌ 學生背景

今年九歲的明高，在新學期開始，轉學至目前的學校就讀三年級。然而，翻查明高的背景資料，顯示他七歲時，在之前就讀的學校已有行為不檢的紀錄，雖然這些訊息並非直接從明高的母親那裡得知，但學校老師可以從明高的輔導紀錄卡，得知他們必須對明高加以注意。

由於喜愛新的學習環境，明高的轉學適應期十分順利地度過了，並無任何越軌行為。此外，導師李老師顯然已經和他建立相當積極、穩定的關係。明高的功課做得不錯，也結識不少新朋友，但他在上課的情形依然是老師集中注意的焦點。

▌ 發生事件

某個星期四早上，李老師怒氣沖沖的跑進校長室。並堅持要校長聽她從電話答錄機中的一卷錄音帶，其臉上流露出憤怒震驚及被屈辱的神情。

該錄音帶傳出如下的聲音：「喂！他媽的……！我是明高，你懂什麼？我憎恨你，他媽的……！真的，我十分憎恨你。他媽的，你知道嗎？王八蛋，我會殺死你……。」

　　李老師說：這件事是日前最後一節課發生的。當時明高一直為一些小事和她糾纏不清。但為了不使班上其他學生的學習情緒因明高而受到影響，甚至破壞，於是她要求明高離開教室。當她指派作業給其他學生做時，她曾經和明高交談了幾句。當時明高已向她道歉，而她也以為此事就此結束。豈料，當天電話答錄機錄得的訊息卻讓她大感震驚。

　　當李老師精疲力竭地坐在椅上時，她的雙眼顯得一片朦朧。突然，她的驚慌轉為憤怒，而大喊：「既然這樣！請趕快把他逐出我任教的班級，我再也無法忍受他在我眼前出現！」

▌學習活動

A　為學校行政人員而設計的學習活動：

(一) 你是否會接受李老師的要求，把明高調到另外一班？
(二) 你準備如何處置明高？
(三) 校方有沒有處理這類「三字經」事件的對策？

B　為輔導教師而設計的學習活動：

(一) 你曾經讓學校的心理專家和醫生評估明高的行為，結果發現他患有「托雷氏症狀群❶」，你預備怎樣使校方原諒明高的粗言穢語和異行，讓大家融洽相處？

(二) 在個別輔導方面，你將運用那種方法對明高進行輔導─

—以當事人為中心治療法的「行為治療❷」，或「理情治療❸」來輔導明高？其依據何在？

(三) 總括來說，你將如何輔導任何一位在社會標準被認為是言語粗鄙的學生？

C 為導師而設計的學習活動：

(一) 你認為導致明高做出侵犯性行為的原因是什麼？

(二) 你如何解釋或者理解李老師的反應？

(三) 當明高來到學校，你會用什麼方法與明高接觸與溝通？

(四) 若在你任教的班上，有學生以粗言穢語相向，你將會以那種正常程序來處置這些學生？

(五) 你將會怎樣鼓勵學生家長一同參與活動計畫，來改善像明高這樣的問題？

D 為對相關教育法令有興趣的教育工作者而設計的學習活動：

(一) 在刑法當中，那些法令是為處置猥褻性及具威脅性的行為而制訂的？

(二) 若明高的年齡比現在大得多，他是否會被控告？

E 為採用小組討論的教育工作者而設計的學習活動：

集體草擬一份完全符合法令的計畫，並協調校長、輔導教師及導師等人通過採取的策略，對本個案所列舉的問題提供短期和長期的解決方案。

註　釋

❶托雷氏症狀群（Tourette 's Syndrome）：是一種合併發聲及多發動作的抽搐症，多在兒童或少年期發作。發聲抽搐前通常已有動作抽搐的歷史。此症狀經常在少年期惡化，並持續到成年期。聲音抽搐常是多發性、爆發性的重覆發聲、清喉嚨、發出哼聲、並可能說出淫穢的字眼或模仿猥褻行為。可以靠意志力短暫克制，有壓力時會加重病情。

❷行為治療（behavior therapy）：又稱「訓練性心理治療」，其目的在於幫助、訓練病人去改善目前的症狀和行為反應。這種治療所關心的是目前的問題，其特點在於應用「學習」（learning）的心理知識，設計一個有計畫性的治療過程，製造實驗式的治療場面，去訓練病人改善其異常情緒及行為反應。

❸理情治療（rational emotional therapy）：個案自己把和其所困擾的情緒有關的內容、情境錄下來，再和治療師一起分析、討論，探討引起此情緒的原因，進而找出一種調適的方法。

✎個案｜｜：經常跟蹤與騷擾女友的同學

▌ 學生背景

　　阿金是一位活躍、做事負責的高一女生。她不但參加很多課外活動，並於週四晚上及週六抽空打工，賺取外快。阿金和校內足球隊最受歡迎的球員佳森約會，交往已有三個月。但最近，因為佳森對她的占有慾和嫉妒心越來越重，兩人終於鬧翻。尤其在很多次約會場合，佳森常大發脾氣，於是阿金決定和他分手，中止這段戀情。

▌ 發生事件

　　阿金中止和佳森約會後，她察覺到佳森在她離開打工場所時，繼續跟蹤與騷擾她，在學校時，佳森又處處跟著她。當阿金在餐廳吃午餐時，佳森注視著她進食；當他在教室看到阿金時，又含情脈脈地看著她，頻送秋波。這種情況持續一陣子後，阿金開始產生晚上失眠、導致學業成績退步的現象。此外，她又經常遲到，原因是她必須躲在廁所內，等佳森上課後，她才到教室上課。

　　上週二下午，她覺得自己已經受夠了，再也無法忍受下去，於是走進學校輔導室，向輔導老師哭訴一切，盡情地把她內心的苦痛委屈發洩出來。

▌ 學習活動

A　爲學校行政人員而設計的學習活動：

(一) 你將會怎樣處置佳森？

(二) 你是否會請阿金的父母或佳森的父母到學校討論這件事情？

(三) 你將會怎樣勸阻學生不可以「跟蹤與騷擾他人」？

B　爲輔導教師而設計的學習活動：

(一) 請講述一下支援小組的工作，以及此小組如何協助阿金及其他像阿金一樣的女孩去保護自己。

(二) 在你的輔導工作上，你將如何輔導像阿金有那樣感受和需要的學生？

(三) 假設你在學校已設立一套計畫用來輔導像佳森這種，對女同學構成威脅的男生。請講述一下，你怎樣教導這些男生在面對感情挫折時，仍然可以做出令人接受的反應。

C　爲導師而設計的學習活動：

(一) 若你知道你班上發生與此個案類似的事情，你將會怎樣做？

(二) 你可以用那種課程去協助學生，讓他們瞭解明白跟蹤他人是違法行爲？

D 爲對相關教育法令有興趣的教育工作者而設計的學習活動：

(一) 經常跟蹤他人是否屬於刑事罪行？

(二) 若校方知道有學生或教職員經常跟蹤騷擾他人，而不採取任何行動去制止犯罪者，則受害人可否向司法警察機關控告學校業務過失？

E 爲採用小組討論的教育工作者而設計的學習活動：

集體草擬一份完全符合法令的計畫，並協調校長、輔導教師及導師等人通過採取的策略，對本個案所列舉的問題提供短期和長期的解決方案。

個案１２：制止惡意破壞學校公物的學生

學生背景

　　過去數年來，有一所中學不斷發生被人潛入，並惡意破壞學校公物的案件，使這所位於北部偏僻地區的中學遭受超過一百萬元的財物損失。為此，教育局和警方分別在不同場合，主辦過多次的特別會議，和該區各所中學的校長商討制止類似事件再度發生的對策。同時教育局亦鼓勵校長們盡一切所能以維護學校的設施，避免遭人惡意破壞。

發生事件

　　某日中午時分，一名主任氣急敗壞地衝入校長室，聲稱一名學生不理會他喝令停止動作的要求，仍然不顧一切地打破學校後門的玻璃窗，闖進校內。校長聞言後，立即趕到現場，經過一番搏鬥，為了制止這種惡意破壞學校公物的行為，校長弄傷了這名學生的手。而該名學生則尖聲大叫，揚言他將會指控該校行政人員弄傷他的手。站在一旁的一位教師則對校長說，這位學生因為相當不滿他的理化科作業的分數，為了要發洩心中怒氣，進而做出如此魯莽的行為。

▌學習活動

A 為學校行政人員而設計的學習活動：

(一) 該名學生被送到醫院，並接受治療後，你應該有什麼動作？

(二) 你如何預防學生惡意破壞學校公物？

(三) 列舉一些解決此問題的長期方案。

B 為輔導教師而設計的學習活動：

(一) 若你奉令去輔導該學生，你將運用那些改善行為的計畫去進行輔導？試解釋你的理論基礎。

(二) 設計一個處理怒氣的計畫，並且說明你將如何在小組討論時落實該計畫。

(三) 你將如何運用實物療法輔導那些任意破壞公物的青少年？

C 為導師而設計的學習活動：

(一) 若你是該名任教理化科的老師，而你所給的分數引發班上的一名學生對你採取不受控制的粗暴行動，你將會怎樣做？

(二) 你依據什麼標準來評量學生？

(三) 你可以採取什麼行動去防止這類悲劇的發生？

(四) 你將採取那些建議去勸阻學生不可惡意破壞公物？

D 爲對相關教育法令有興趣的教育工作者而設計的學習活動：

(一)動用武力去制止惡意破壞公物的行爲是否正當？
(二)若該名受傷的學生，依法向法院控告該名校長，根據刑法及民法內容，你認爲該名學生的訴訟是否會成功？

E 爲採用小組討論的教育工作者而設計的學習活動：

集體草擬一份完全符合法令的計畫，並協調校長、輔導教師及導師等人通過採取的策略，對本個案所列舉的問題提供短期和長期的解決方案。

✎個案13：情緒受困擾的學生

▌ 學生背景

十二歲的阿坤，由先前的一所學校轉學到目前這間學校就讀。他曾經接受一些心理測驗，結果斷定他患有相當嚴重的情緒問題症狀。

阿坤的父親在他六歲那年意外身亡。自此，其母就一直對他嚴厲管教，因而阿坤身上便經常出現莫名瘀痕。過去的家庭輔導活動，曾頗為成功地使阿坤的母親減少過分嚴厲地責打他。

但是自從阿坤進入這所新校就讀之後，他卻經常在教室、操場——特別是在女教師面前製造不少麻煩。

▌ 發生事件

某日約上午十時，何老師突然情緒相當不佳地走進校長室。她告訴校長：阿坤又舊病復發，這次他不但騷擾其他同學上課，還開口詛咒何老師。由於一下子無法讓阿坤冷靜下來，停止騷擾同學和詛咒老師的行為，她只有強行把阿坤從教室拖到走廊。也因為何老師無法再忍受阿坤這樣的行為，她要求校長把阿坤安置到其他班級，不要再在她任教的班級就讀。

▌ 學習活動

A　為學校行政人員而設計的學習活動：

(一) 校長應如何因應何老師提出的要求？

(二) 校長應如何處置阿坤？

(三) 在處置一些像阿坤這樣的學生時，你認為讓他暫時休學或轉學，是否為有效的解決方法？試解釋你的理由。

(四) 你認為是否應該邀請其他專業人士協助，並提供意見以解決問題？

(五) 在處理情緒受困擾兒童問題上，是否有一些原則可以遵循？

B　為輔導教師而設計的學習活動：

(一) 你將會教導阿坤那些消除怒氣的策略？

(二) 講述一下，你將為阿坤設計的輔導計畫內容。

(三) 類似阿坤這種深受情緒失控困擾的其他兒童，在提供他們資源服務的個人成長小組中，你會構思什麼活動？

C　為導師而設計的學習活動：

(一) 身為一位導師，在你準備擬定一套具建設性的計畫，以協助在你任教班級內就讀的阿坤之前，你還需要知道那些有關阿坤的訊息？

(二) 討論一下，你將為阿坤而設立的教學計畫。

(三) 講述一下，在此事件發生之前，你希望和阿坤的母親面
　　談的計畫。

(四) 你將會向阿坤的母親傳達那些兒童發展理論？

D　為對相關教育法令有興趣的教育工作者而設計的學習活
　　動：

(一) 公開地用言詞辱罵老師及持久藐視對抗，是否可構成令
　　學生休學或轉學的理由？

(二) 若校方繼續在阿坤身上發現瘀痕，校方應該採取什麼相
　　對的行動？

E　為採用小組討論的教育工作者而設計的學習活動：

　　集體草擬一份完全符合法令的計畫，並協調校長、輔導教師
及導師等人通過採取的策略，對本個案所列舉的問題提供短期和
長期的解決方案。

個案１４：在教室內打架的學生

▌ 學生背景

某所鄉下國中，據校方紀錄顯示，甚少發生嚴重的學生暴力事件。但最近數月，該校輔導教師和教師卻一直被迫忙於處理學生不斷增加的暴力衝突事件。

▌ 發生事件

一個星期五下午，該校輔導教師因為週末假期將屆，心情顯得比較輕鬆。突然一位老師怒氣沖沖地跑進輔導室，要求輔導教師和她一起到二樓教室，以協助制止一場危機的擴大。當輔導教師走進教室時，看到另一位教師正試圖制止一名年紀較大，並先行動粗的女生和一名年紀比她小的男生打架，此時，輔導教師小心的轉移話題，勸那名動粗打架的女生離開現場。可是，當一夥人離開教室準備前往辦公室時，該名女生竟然向那男生發出口頭恐嚇，揚言將會痛打他一頓，甚至用一種虐待他人的口吻，狂笑地表示還會強姦那名男生。

▌ 學習活動

A 爲學校行政人員而設計的學習活動:

(一) 在這件個案中,是否因爲動粗者是一名女生,校方因而
　　低估她,誤判她不會對其他人做出侵犯性的行爲?

(二) 你將怎樣處置一位向他人動粗,侵犯他人身體的女性?

(三) 若校內打架動粗的事件逐漸增多,你有什麼方法處理?

B 爲輔導教師而設計的學習活動:

(一) 在輔導過程中,你怎樣以「調停人」的第三者身分,使
　　那名動粗打人的女生和該名男生達成和解協議?

(二) 你將怎樣利用同儕輔導與學生書寫自我感受的方法相互
　　結合,來防止甚至杜絕在學生當中出現的暴力事件?

(三) 在輔導小組內,你將教授那些應付及減輕壓力的活動與
　　控制怒氣的活動?

C 爲導師而設計的學習活動:

(一) 你還需要知道那些有關該名女生和該名男生的事情?

(二) 你將會如何運用班上任何一位學生所提供的訊息?

(三) 若在你任教的班上發生打架和爭吵事件,你將會如何處
　　理?

(四) 你將怎樣以更正面、更積極的方式取代負面的方式,利
　　用學校的輔導教師來協助你處理學生打架和爭吵的事

情？

(五) 現行教育政策是否足以明確地處理像本個案所敘述的事情？假若是足以明確地處理，則處理的程序到底該怎樣？若未能明確地處理，其理由何在？

D　爲對相關教育法令有興趣的教育工作者而設計的學習活動：

(一) 當教師要訴諸武力制止一場打鬥時，他們是否獲得法律保障？

(二) 在什麼情況之下，教師可以運用「相等於襲擊他人身體」的武力，以制止一場打鬥？

E　爲採用小組討論的教育工作者而設計的學習活動：

集體草擬一份完全符合法令的計畫，並協調校長、輔導教師及導師等人通過採取的策略，對本個案所列舉的問題提供短期和長期的解決方案。

✎個案１５：向低年級同學勒索的學生

▌ 學生背景

　　在市區某高中，經常出現不少高年級學生恃強凌弱的事件。這些事件引起學校管理階層和輔導教師高度關注。在這些恃強凌弱的事件當中，受害者往往被鎖進廁所內一段長時間。有的受害者被高年級同學綑綁倒轉起來，然後把他們的頭壓進垃圾箱；有時受害者被迫在其他人面前脫光衣服或褲子；又或者被高年級同學強迫穿著校服當眾用水管沖水。不幸地，所有這些恃強凌弱的事件，沒有被校方任何一位教職員親眼撞見。更甚者，幾乎所有受害者，沒有一位會親自將他們感到丟臉的遭遇向校長和輔導教師投訴。學校為處理此項問題而召開的會議，亦未能產生任何具體方案，與會者似乎都同意這些事件可能是高年級學生試圖藉此教訓進入地盤的低年級學生，意味著低年級學生要為進入高年級學生的地盤而付出代價。

▌ 發生事件

　　某日下午，該校校長比平日略遲離開校園，他突然聽到從男廁傳來一些嘈雜的聲音。在好奇心的趨使下，校長靜靜地走近廁所旁偷聽，竟然聽到以下的一段說話：

　　「我再給你一天的時間，還清欠債；否則你將會受到……」校長聞言，大感震怒，並立刻衝進男廁看個究竟，竟然發現一名高

三學生正掐著高一學生的頸部。

結果，兩人都被帶到校長室接受進一步盤問。剛開始該名高三學生拒絕回答有關此事的任何問題。在校長一再逼問之下，他終於承認班上有一個幫派，每月向一些高一同學勒索保護費，而交錢的同學則可以避免當眾受辱的酷刑。

那些膽敢向家長或校方檢舉，或者未能如期向這個幫派「奉獻」保護費的學生，將會得到非常難堪的屈辱。學校經過進一步調查後，終於得到一份有關這個幫派成員的名單。

▌ 學習活動

A 為學校行政人員而設計的學習活動：

(一) 你如何明確地處置涉及勒索行為的學生？

(二) 你是否會接觸這個幫派首領的家長或警方人員？你為何要和他們聯絡？或為何不要和他們聯絡？

(三) 你將實施何種教育計畫，以勸阻學生不要進行類似活動？

B 為輔導教師而設計的學習活動：

(一) 在你為被勒索的受害者而設計的支援小組中，你將如何使小組的成員能夠成功地對抗勒索者，並且以後不會再被他們勒索？

(二) 那些勒索低年級同學的高年級學生，被命令和你會晤。
在為他們而設計的個人成長小組內，你提出一套課程來
處理他們的犯罪行為。試講述你的整個計畫，以及你如
何落實這個計畫。

(三) 在你和勒索者與受害者三方的直接會談當中，你將會怎
樣利用「完形治療❶」來進行輔導？

C 為導師而設計的學習活動：

(一) 若在你任教的班級學生中，偶然碰上這類事件，你將會
怎樣做？

(二) 在授課期間，是否有一些特殊的機會，可以讓你宣導勒
索被視為一種刑事罪行的嚴重性？

D 為對相關教育法令有興趣的教育工作者而設計的學習活
動：

(一) 根據刑法，勒索是否為一項刑事罪行？

(二) 若校方發現學生向他人勒索金錢，校方應該採取什麼法
律行動？

E 為採用小組討論的教育工作者而設計的學習活動：

集體草擬一份完全符合法令的計畫，並協調校長、輔導教師
及導師等人通過採取的策略，對本個案所列舉的問題提供短期和
長期的解決方案。

註　釋

❶完形治療（gestalt therapy）：又稱格式塔治療，由德裔美籍精神學家伯爾斯（F.Perls, 1893-1970）所提倡，採取一種整體觀、人本的態度，重新認識個案被否定的人格特性所代表的意義，來達到「完形」的目的。通常以分組進行，讓個案將模擬的衝突情境以戲劇的方式表現出來，注重個案此時此刻所表現的語言、動作、態度、情緒等的意義。個案會變得比較善於表達，並主動關心自己的需要。

✎個案16：持刀行兇的學生

▌ 學生背景

十一歲的銘傑是個非常聰明，但行為卻長期不正常的男孩。他在校內反覆無常的脾氣，使他就讀的那間小學，所有教職員經常要提高警覺。

▌ 發生事件

某日下課時，校內發生一件剛開始並無第三者介入的一對一學生打鬥事件。雙方互鬥的學生是林恩和泰順。而泰順在同儕當中，人緣還算不錯。而林恩雖然進入該校就讀只有一段短時間，但他以暗藏心機、經常欺負他人的行為而馳名。

據在場觀察學生活動的一位教師說，林恩是利用足球賽的規則把泰順絆倒，但此事卻很快擴大為林恩藉此直截了當地向泰順攻擊。當老師趕到現場制止時，林恩正對泰順拳打腳踢。

突然，在場邊的銘傑，一手持刀，一手握拳，咬緊牙關衝到場中，當銘傑揮刀襲擊林恩之際，林恩馬上停止攻擊泰順，並且迅速向左邊側身避過銘傑的攻勢，迅速逃離現場，而銘傑則從後面緊追不捨。

當林恩逃到操場外圍時，他突然轉身面對銘傑，這刹那間的

轉變，令兩人呆立了數秒，就在此時，老師剛巧趕到現場，喝令銘傑放下手中的武器。令人不可思議的是，銘傑竟然聽從老師制止，放下他手握的小刀。

於是，老師堅定而明確的喝令圍觀的人群散去；然後停留片刻，撿起掉在地上的小刀，跟著陪同銘傑和林恩到訓導處。這時，林恩突然覺得他有機會向銘傑作出報復，並且準備開始攻擊。但對學生先前的騷亂保持警戒的老師，立即作出反應，制止林恩和銘傑展開打鬥。

▌ 學習活動

A　為學校行政人員而設計的學習活動：

(一) 你將如何處置林恩？
(二) 你又將怎樣處置銘傑？
(三) 你如何減少在貴校發生的暴力事件？
(四) 你採取什麼方法以確保貴校學生的安全？

B　為輔導教師而設計的學習活動：

(一) 你用什麼方法減少學生的衝突，以及制止暴力行為？
(二) 你為林恩這類學生而設計的輔導小組中，將如何教導他們控制脾氣？
(三) 你將在貴校推行那些有關勸阻學生勿欺凌弱小的教育計畫？

C 為導師而設計的學習活動：

(一) 這是個案情相當複雜的個案。在你可以清楚瞭解到底發生什麼之前，你還需要知道一些什麼細節？

(二) 一旦你獲悉有關此個案的全部詳細資料，你將如何與學生一起合作，努力防止以後再度發生類似事件？

(三) 教師本身如何應付此類突發事件？

(四) 你在減少校園暴力事件方面，扮演什麼角色？

D 為對相關教育法令有興趣的教育工作者而設計的學習活動：

(一) 若林恩在打鬥中弄傷泰順，校方是否會被控業務過失？

(二) 若在場觀察學生活動的教師不出面干預，並制止學生打鬥，則校方是否會被起訴？

E 為採用小組討論的教育工作者而設計的學習活動：

集體草擬一份完全符合法令的計畫，並協調校長、輔導教師及導師等人通過採取的策略，對本個案所列舉的問題提供短期和長期的解決方案。

✎個案17：藉由嚴重襲擊別人來奪取公義的學生

▌學生背景

　　輝恩是一名在市區就讀而身體有些傷殘的國中學生。在他五歲那年，因為一場車禍，導致一條腿永久傷殘，走起路來一拐一拐的。他這種身體缺陷，往往成為部分毫無同情心的同儕背後取笑的話題。當中殘酷無情地欺負他的同學首推瑞成。其他同學多數是偶爾在背後取笑他，但是瑞成卻抓緊一切機會，公開侮辱他。每當該校教師察覺瑞成用言語辱罵輝恩時，他們皆警告瑞成下次不准再這樣做，可是始終未能見效。雖然過去數個月來，輝恩對此事一直容忍，總是保持沉默，不發一語。可是顯而易見地，他內心積壓著的憤怒如雪球般越來越大。

▌發生事件

　　某日下午上課時，任課的老師領導全班學生討論有關保護野生動物，以維護生態環境的需要。瑞成開始談論那些動物最適宜保存下來時，主張那些軟弱、跛腳的動物，應該加以消滅，而保留那些強壯的動物作為繁殖後代之用。瑞成這番言論顯然是嘲笑輝恩，而瑞成的一班好友聞言亦大聲狂笑，其他同學，包括老師在內皆感到愕然；但輝恩對這些笑聲卻一直毫無反應。之後，老師對瑞成訓斥一番，繼續授課。

距離下課時間還有五分鐘，輝恩突然手握一把美工刀站起來，班上同學皆被這種情景嚇得發呆，在老師出言制止之前，輝恩一刀刺中瑞成大腿，而瑞成的兩名好友也被刺中手和肩膀，三人都掛彩，必須送院治療。輝恩完成報復行動後，亦不支地倒在地上。

▌ 學習活動

A　為學校行政人員而設計的學習活動：

(一) 當該科教師請求你提防這類慘劇後，你會採取什麼措施？

(二) 當瑞成與他的好友傷癒返校，他們應否再受到校方處罰？

(三) 為確保學生可以在安全的環境下學習，你將會採取什麼手段或制定那些計畫來防範學生攜帶武器到校？

(四) 你會採取什麼策略去保護學生，特別是那些需要特別照顧，而又在一般班級就讀的學生，避免他們經常受到其他同學的言語侵犯和侮辱？

(五) 你怎樣安撫那些親眼目睹慘案發生經過的學生？

(六) 貴校是否有一套隨時應付危機爆發的計畫？若貴校已有這套計畫，請詳細講述一下此計畫的內容。假若沒有，則請嘗試草擬一套應變計畫。

B　為輔導教師而設計的學習活動：

(一) 輝恩返校後，你如何為他設計一套處理怒氣的計畫？

(二) 你將會怎樣透過「閱讀治療❶」計畫，為校方發展出一種對傷殘人士關懷與接受的風氣。

(三) 講述一下，你會怎樣利用完形治療去協助輝恩，接納身體傷殘的事實，而完全消除其內心的悲傷和憤怒。

C　為導師而設計的學習活動：

(一) 你會怎樣幫助輝恩，使之成為堅決維護傷殘人士權益的一份子，而非具侵略性的學生？

(二) 你將會運用什麼方法，讓瑞成能關心和同情別人？

(三) 你怎樣在班上營造和培養「互相尊重對方」的氣氛？

D　為對相關教育法令有興趣的教育工作者而設計的學習活動：

(一) 站在法律觀點，意圖傷害他人，及動用刀械殺害或擊傷他人，是否會構成「傷害」他人身體的罪名？

(二) 若輝恩只是用刀恫嚇瑞成而沒有動手，根據刑法條文的定義，他是否會被裁定「傷害」他人的罪名？

(三) 假若被傷害的學生的家長，決定以「業務過失」及民事責任向法院指控校方，並提出賠償，你認為他們會不會成功？試講述你的見解。

E 爲採用小組討論的教育工作者而設計的學習活動：

　　集體草擬一份完全符合法令的計畫，並協調校長、輔導教師及導師等人通過採取的策略，對本個案所列舉的問題提供短期和長期的解決方案。

註　釋

❶閱讀治療（biblotherapy）：由個案閱讀自己選擇或治療師指定的文章、書籍之後，再一同做討論，從中找出反應個案經驗或感受的部分，來分析個案。

第三部分

不當的性行為與犯罪行為

✎個案18：在校園內偷嚐禁果的學生

▌ 學生背景

　　十九歲的俊傑與十七歲的尚芬兩人同在市區一所中學就讀。俊傑外貌英俊，但不喜愛唸書，現在正參加一項職業進修計畫。而尚芬則是一名非常聰明伶俐的女孩，一向以學業為重。兩人在校內彼此認識已有一段時間。最近，兩人的感情穩定發展，開始「拍拖」。在午餐時間，兩人會躲在校園內一些僻靜的地方談心，甚至有過於親熱的行為。

▌ 發生事件

　　某日午餐時間，俊傑和尚芬又在校園內一處偏僻的地點約會。兩人坐下數分鐘之後，就開始互相擁抱、接吻及愛撫。當時，負責值日的林老師被由附近傳來的呻吟聲吸引，前往查看時，發現俊傑正在撫摸尚芬的乳房。兩人見到林老師突然出現，非常驚訝！趕快假裝正襟危坐。事後，尚芬向林老師投訴，聲稱受到俊傑的「性侵犯」。林老師聞言，帶俊傑和尚芬一起到校長室，交由校長處理。

▌ 學習活動

A　爲學校行政人員而設計的學習活動：

(一) 若尙芬堅持這是一件被人「性侵犯」的案件，那麼你除了報警處理外，是否還有其他選擇？

(二) 你在學校是否有一套嚴格管制學生不正當性行爲的辦法？

(三) 貴校現在是否有任何勸阻學生不要在校內從事性愛活動的作法？

B　爲輔導教師而設計的學習活動：

(一) 你將如何透過假設的性侵犯問題，運用價值澄清法對尙芬和俊傑進行輔導？

(二) 在一個典型的性侵犯案例，你將如何運作一個爲受害者而設計的支援小組。

(三) 爲女生設計一套明確表示自己立場的訓練計畫：教導她們怎樣在更加安全的範疇內，得到她們所需要的情愛。

C　爲導師而設計的學習活動：

(一) 若你在校園內發現學生從事性愛活動，你將會怎樣做？

(二) 在你所教授的科目內，你是否會同時教導學生如何適當地處理兩性之間的關係？

D　爲對相關教育法令有興趣的教育工作者而設計的學習活動：

(一) 你估計尙芬能否成功地向法院控告俊傑性侵犯？試以法院判例來支持你的論點。

(二) 用一般法律常識判斷，誣告罪名如何才能成立？又俊傑能否反控尙芬「誣告」他？

E　爲採用小組討論的教育工作者而設計的學習活動：

　　集體草擬一份完全符合法令的計畫，並協調校長、輔導教師及導師等人通過採取的策略，對本個案所列舉的問題提供短期和長期的解決方案。

✎個案19：懷孕與墮胎的學生

▌ 學生背景

　　十五歲的安妮在一所鄉下中學就讀。自從父母在幾年前離婚之後，安妮就一直和父親同住，而管教安妮的責任亦由其父獨立承擔。父母婚姻破裂，對安妮確實是一個沉重的打擊，於是她積極參加校內各項活動，希望藉此忘卻內心不愉快的陰影。在一次話劇綵排中，她認識別班一名年齡比她大一歲的男生—勝文，兩人漸漸成為密友。慢慢地，兩人的感情持續發展，而成為一對情侶，雙方經常約會、拍拖。

▌ 發生事件

　　一日，安妮突然求救於學校的輔導教師，向她透露內心一項秘密──她懷疑自己已經懷孕。輔導教師聞言，建議她立即找醫生詳細檢查，以確定她是否懷孕。

　　一星期之後，安妮再到輔導室，告訴輔導教師經過醫生檢查後，證實她已經懷孕。由於父親對她管教非常嚴格，她明白自己懷孕的消息將不會得到父親的同情與諒解。此外，她又認為自己和勝文的年紀實在太小，也不宜同居；況且他們又十分渴望高中畢業後，能繼續上大學。若在此時產下嬰孩，無疑是毀了兩人升大學的計畫和創造事業的雄心。經過一番思量之後，安妮央求學校的輔導教師為她保守秘密，並且介紹和安排一家醫院，讓她可

以安全墮胎。

▌學習活動

A　為學校行政人員而設計的學習活動：

(一) 你是否會對懷孕的女學生做出一些特殊安排和擬定一些
計畫？

(二) 由於像安妮那樣，有同樣經歷的女學生人數不斷增加：
a. 你將會推行一些什麼策略來減低女生懷孕的可能性？
b. 有什麼社會資源可供學校使用，而你將如何使用這些
資源？

(三) 你認為在處理學生懷孕的問題上，家長應扮演什麼角
色？

B　為輔導教師而設計的學習活動：

(一) 請形容一下，安妮如何在完形治療過程中，與其未出世
的嬰孩就懷孕與墮胎此項問題進行溝通？

(二) 當安妮要求你要為她保守墮胎的秘密，你在道德、倫理
及法律方面要對她負什麼責任？

(三) 請用「心理劇治療❶」來形容安妮與其父所扮演的角
色，以及安妮與男友勝文所扮演的角色。

C　爲導師而設計的學習活動：

(一) 若安妮要求你幫忙，你將怎樣協助她應付她和父親相處的情況？

(二) 講述一個你認爲可以協助防止未成年少女懷孕的性教育計畫。

D　爲對相關教育法令有興趣的教育工作者而設計的學習活動：

(一) 根據刑法，墮胎是否違法？

(二) 若你向安妮提供她所要的資訊，則你觸犯了什麼法令？

E　爲採用小組討論的教育工作者而設計的學習活動：

集體草擬一份完全符合法令的計畫，並協調校長、輔導教師及導師等人通過採取的策略，對本個案所列舉的問題提供短期和長期的解決方案。

註　釋

❶心理劇治療（psychodrama）：是一種團體的心理治療方式，利用戲劇角色扮演，讓個案呈現出其個性、特質、人際關係、衝突及情感問題等。

✎個案20：疑似賣淫的學生

學生背景

此宗個案涉及的中學，座落於一個大都市的北部。區內的居民大多數是工人階級，其中又有不少是低收入戶。從該校紀錄的學生家庭背景得知，雖然大部分學生來自工人階級的家庭，但卻有部分女學生在課餘時衣著華麗，且佩帶各款名貴首飾，這種現象難免令人感到奇怪。雖然如此，由於校規並無明文規定禁止女生在校外的衣著打扮，因此校方並沒有採取任何行動，以限制學生在這方面的自由。

然而，校方曾留意到有一部分女生經常遲到，她們當中更有一些只出席朝會，下午就集體失蹤。很多時候，甚至失蹤數星期之久，沒有再返校上課，而且看來可能只有少部分家長知道他們子女的下落。雖然校方曾採取校規處分行動，但問題依然未能解決。

發生事件

某日上午，一名警官來到該校，要求立即會見校長。兩人隨即在校長室內密談。警官從公事包內取出一份涉嫌從事少女賣淫活動的女孩名單給校長看，校長承認名單內有些是在該校就讀的女生。

▌ 學習活動

A　為學校行政人員而設計的學習活動：

(一) 若你發覺貴校的學生涉及賣淫活動，你會怎麼做？

(二) 你怎樣和貴校所處的社區居民討論此問題？

(三) 你認為學校在打擊這項社會問題方面，應該扮演什麼角色？

B　為輔導教師而設計的學習活動：

(一) 形容一下你為「被懷疑賣淫的學生」而設計的自我支援小組，你如何在該小組內向他們解釋濫交、亂倫、自我尊重等問題，以及用有建設性的方法得到她們所需要的東西？

(二) 你將怎樣推動貴校的性教育和家庭計畫活動？

(三) 你怎樣輔導貴校的女生以正面積極的態度去正視濫交、亂倫、自我尊重這些問題？

C　為導師而設計的學習活動：

(一) 你如何讓學生明瞭唯物主義的價值？

(二) 若你在街上看到你所教的學生，引誘他人從事不道德的行為，你將會怎樣做？

(三) 你怎樣去體諒、瞭解涉及賣淫活動的學生？她們又為何會這樣做？

D　爲對相關教育法令有興趣的教育工作者而設計的學習活動：

(一) 引誘他人從事不道德的行為，是否會構成刑事罪行？

(二) 若你知道有成年人在校舍四周徘徊，目的是利誘你的學生與他進行法律所不容許的性交易，你是否會運用「逮捕現行犯」的名義把他逮捕？

E　爲採用小組討論的教育工作者而設計的學習活動：

　　集體草擬一份完全符合法令的計畫，並協調校長、輔導教師及導師等人通過採取的策略，對本個案所列舉的問題提供短期和長期的解決方案。

✎個案21：謊報遭他人性侵犯的學生

▌ 學生背景

十四歲的安琪，校內的行為表現被形容為「反覆無常」。雖然她極少有親密的朋友，但她和學校老師的相處上大致還不錯，特別是與教授體育的史老師的關係極不尋常。有些時候，安琪表現得非常合作，按時完成課堂上作業。但有些時候，她又顯得對一切事情迷糊不清。並且表現出需要依靠老師，好像渴望老師給她精神上的支持。在某些時候她卻又顯得頑固、倔強，並公開挑戰老師的指導。

有一次，她向校長投訴，指稱史老師曾對她性侵犯，但事後又很快地撤銷這項指控。

▌ 發生事件

某日，上完最後一節體育課，安琪顯得很憂慮地要求體育史老師逗留片刻，原因是她需要史老師提供一些意見給她。安琪提出請史老師讓她參加體操隊的要求，同時說出一些含糊不清的理由來支持她提出的要求。史老師經過一番考慮後，認為安琪提出的理由不合理而加以拒絕。

第二天開始，安琪竟然不分日夜，多次打電話給史老師，重申她的要求，但始終未能獲得史老師的同意。

有一天，一位警官突然造訪史老師，令他感到十分奇怪。那位警官對史老師說，安琪到警察局報案，聲稱遭受史老師性侵犯。而校長亦接獲警方知會，於是呈報督學及教育局，暫時將史老師停薪停職。

在審訊期間，安琪接受醫生檢查，證實她的前臂、胸部、手腕及腿部都有被抓傷的痕跡。此外，她的下體最近出現的傷痕和曾經分娩或曾遭性侵犯所造成的傷痕吻合。然而，為她檢查身體的醫生卻未能在她的陰道內發現任何男性的精液或毛髮。

同時，根據安琪的家族史顯示，安琪是一位容易受傷害的女孩。她在剛學走路時就遭父親遺棄，由母親身兼父職一手養大。十二歲那年，母親的新男友搬來和他們同住。一年之後，母親生下新嬰孩，自此安琪的性格就變得十分叛逆及易怒，她的母親曾安排她和她的生父見面，並試圖說服安琪和生父同住失敗之後，安琪就曾經指控被生父對她性侵犯，但因缺乏明確證據而撤銷那次訴訟。

安琪母親的供詞亦透露，安琪曾兩度服食過量藥物企圖自殺而被送醫接受治療。她亦被心理醫生斷定患有因壓力而造成個人知覺及精神分裂的病症。

安琪本身的證供則聲稱，對她進行性侵犯的男人可能是史老師，也可能不是。但在她的腦海中，對她進行性侵犯的男人是史老師。她向警員錄口供時，她又表示自己是「憑記憶」而作出上述口供。

結果，史老師獲法院判決無罪。

▌學習活動

A　爲學校行政人員而設計的學習活動：

(一) 若你是此宗個案的校長，你是否會暫停史老師的教職？
(二) 由於現在學生誣告老師，對他們進行性侵犯的案件不斷增加，你將會對屬下提供一些什麼建議，以協助他們保護自己，避免被人誣告？
(三) 你將採取什麼措施來抑制學生濫用她們的「權利」？

B　爲輔導教師而設計的學習活動：

(一) 你將如何和社工人員合作，發展一套輔導策略去處理安琪濫用「權利」指控的行爲。
(二) 你如何在個人心理輔導方面，用完形治療與心理劇治療協助安琪治療內心的創傷？
(三) 在小組治療過程中，你用什麼理論基礎來進行家庭輔導？

C　爲導師而設計的學習活動：

(一) 你將採取什麼預防措施以防止你的學生誣告他人？
(二) 基於這個案所概述的情節，你還需要知道些什麼資料？你又如何運用所得的資料去幫助安琪？

D 為對相關教育法令有興趣的教育工作者而設計的學習活動：

(一) 若你的學生時常打電話給你，造成你的困擾，是否構成犯罪行為？

(二) 你是否會反控類似安琪這樣的學生？而你提出反控的法律依據是什麼？

E 為採用小組討論的教育工作者而設計的學習活動：

集體草擬一份完全符合法令的計畫，並協調校長、輔導教師及導師等人通過採取的策略，對本個案所列舉的問題提供短期和長期的解決方案。

✎個案22：被人性侵犯的學生

▌ 學生背景

　　美貞是位充滿自信，但說話言詞銳利的小學五年級女生。她待人接物的態度使她和同儕相處上顯得有些格格不入。她具有領導才能，而她在學業上遇到困難時也能獨立面對，並且迎刃而解；但她待人接物的態度使那些優點蒙上陰影。雖然美貞最近才轉到目前這所學校就讀，但她已獲得相當高的評價。其母和繼父到學校拜訪老師時，皆流露出誠懇及對美貞相當支持的態度。

▌ 發生事件

　　週一下午，美貞的母親突然打電話給校長，向校長講述日前她女兒在放學途中被人性侵犯的悲劇。當日美貞放學後，獨自一人步行回家，有五名男學生在後面跟蹤她。當美貞走進一條小巷時，那五名男生依然跟著她，並且大聲講一些猥褻的言語。美貞企圖逃走時，被一名十一歲的男生世杰從後面把她抱住，並推倒在地上，同時對她進行性侵犯。

▌ 學習活動

A 為學校行政人員而設計的學習活動：

(一) 你將會如何處置世杰？

(二) 世杰的同夥朋友是否也有責任？你又怎樣處置他們？

(三) 在未能將少年以刑事起訴的情況下，你會如何處理？

B 為輔導教師而設計的學習活動：

(一) 作為學校的輔導教師，你應採取什麼法律及道德上的行動，以作為回應？

(二) 以長遠來說，你將在小組活動中，如何把美貞視做一名性侵害的受害者，來協助她幫助自己，順利康復過來？

(三) 在你和美貞進行的公開輔導聚會上，你怎樣使用以當事人為中心的療法及完形治療協助她忘記所受的創傷？

C 為導師而設計的學習活動：

(一) 為了幫助世杰或美貞，或者同時幫助他們兩人，你必須知道更多資料。請試著扼要講述你在展開幫助他們的工作之前，所需要知道的資料。

(二) 請扼要講述一下你將會展開的計畫。

D　爲對相關教育法令有興趣的教育工作者而設計的學習活動：

(一)若此件個案是在學校的下課時發生，校方是否要負刑事責任？

(二)世杰可否根據「少年事件處理法」被起訴？

(三)在法理上，世杰的同夥朋友是否會被視爲「共犯」？

E　爲採用小組討論的教育工作者而設計的學習活動：

集體草擬一份完全符合法令的計畫，並協調校長、輔導教師及導師等人通過採取的策略，對本個案所列舉的問題提供短期和長期的解決方案。

第四部分

與潛在衝突者間的緊張關係
所引發的意外事件

✎個案23：在校內喝酒的學生

▣ 學生背景

本個案涉及的學校是一所鄰近原住民社區的學校。校內學生有六成是原住民，其餘則是非原住民。而學校所在的位置是一個以農業為主的市鎮，當地平地人和原住民之間的關係一直呈現些微緊張狀態。自從新的女校長上任之後，校方即大力著手改善學校和原住民社區之間的關係。不久，該校校長更展開一項運動，企圖進一步改善校內的種族關係。

▣ 發生事件

某個週三下午，校長於午餐時間在校內例行巡視，當巡經男廁所時，突然嗅到一股強烈酒味自男廁飄出。校長隨即進入男廁內探查，竟然看到一名原住民男學生拿著一瓶米酒，喝得酩酊大醉。兩人突然看到對方，都感到驚愕莫名，彼此相對無言。

先前該校長曾明確地表示：根據校規在校內喝酒乃屬嚴重違規行為，任何學生若被發現違反此項校規，將會被處分。但她察覺到若要令學生遵守校規，她可能必須親自指控這位被她發現在廁所喝酒的原住民學生。如此，則可能破壞她辛苦建立學校和原住民社區間的脆弱關係。

▍ 學習活動

A　爲學校行政人員而設計的學習活動：

(一) 若你例外地沒有處罰那名原住民學生，你將如何應付非原住民學生指責你偏袒原住民？

(二) 若你依正常程序處罰該名學生，你是否意識到自己將被原住民社區視爲一位具有族群偏見的罪人？

(三) 對於如此進退兩難的局面，你有什麼較爲妥善的解決方案？

(四) 請討論每個你打算採取的方案所可能產生的後果。

(五) 你有何策略處置染上酒癮的學生？

B　爲輔導教師而設計的學習活動：

(一) 你在學校設立認識酒精計畫的意義和目的是什麼？

(二) 你如何在學校爲原住民學生著手推行某些措施，使他們無需沉迷於物質享受，而使自己過得更好？

C　爲導師而設計的學習活動：

(一) 若你在班上看到學生喝得醉醺醺，你會怎樣做？

(二) 教師應如何勸阻學生不可酗酒？

(三) 在你班上如何促使不同族群學生之間的互相瞭解和同情？

D　爲對相關教育法令有興趣的教育工作者而設計的學習活動：

(一) 校方命令被發現在校內喝酒的學生休學，是否違反「正當法律程序」的精神？

(二) 學校方面應該採取什麼策略，以強化校方懲罰在校內喝酒的學生違規時，所持的法律地位？

E　爲採用小組討論的教育工作者而設計的學習活動：

集體草擬一份完全符合法令的計畫，並協調校長、輔導教師及導師等人通過採取的策略，對本個案所列舉的問題提供短期和長期的解決方案。

✎個案24：強姦疑犯和受害女子在同一所學校上課

▌ 學生背景

　　某間中學的輔導教師，某日突然接獲一名學生家長哭訴，她的十六歲女兒在一個舞會上被人強姦，現正在醫院接受治療。兩名涉嫌侵犯她的十八歲以下少年，則已被警方收押。

　　當受害女子遭強姦時，她其中一位十分要好的朋友機靈地報警求助。結果兩名少年犯，其中一位已被正式控告對未成年女子進行性侵犯，另一名則被控共犯。

　　之後，兩名嫌疑犯獲准保釋外出，並且與受害女子進入同一所中學就讀。在等候開庭審訊的一段冗長時間內，無可避免地，兩名涉嫌性侵犯的少年，在校內將會有與受害人碰面的尷尬場面出現。

▌ 發生事件

　　某個星期四下午，受害女子的家長撥電話給該校校長，強調兩名涉嫌強姦其女兒的少年必須休學，直至開庭審訊該案件為止。另外，他們又主張校長應該馬上把該兩名學生驅離學校。

校長瞭解與該件強姦案有關連的問題，實際上是極具爭議性的問題。處理不當可能導致家長、學校與學生間發生直接衝突，也可能促使該校的學生之間的關係緊張。

▌ 學習活動

A　為學校行政人員而設計的學習活動：

(一) 作為行政主管，你將根據受害人家長的請願做出什麼回應？

(二) 你將怎樣處理這件個案，以緩和校內的緊張氣氛？

(三) 你將如何針對此類事件研擬長期策略？

B　為輔導教師而設計的學習活動：

(一) 你能否正面且積極的利用小組活動，向校方推薦一些控制脾氣的計畫？

(二) 你將向校方推薦那種形式的性教育計畫與防止女學生遭性侵犯的計畫？

(三) 請形容一下，你將為學校設立的同儕輔導計畫的內容。

C　為導師而設計的學習活動：

(一) 若涉嫌強姦犯與受害女子同在你擔任的班級就讀，而你又知道此事件，你將會怎麼做？

(二) 你將如何幫助那位受害女生？

(三) 你將如何預防學生自行採取報復行動？

(四) 你將在班上鼓勵推動什麼計畫，以緩和和學生之間的緊
張關係？

D 爲對相關教育法令有興趣的教育工作者而設計的學習活
動：

(一) 不順從受害人家長的請求，是否會導致受害人陷入「雙
重危險」中？這樣做是否合法？

(二) 如依從受害人家長的請求，是否違反法律保障強姦疑犯
的權利？

(三) 若校方在等待開審期間，沒有採取額外措施，以預防校
內再發生同類案件，則校方是否會被控疏忽之罪？

E 爲採用小組討論的教育工作者而設計的學習活動：

集體草擬一份完全符合法令的計畫，並協調校長、輔導教師
及導師等人通過採取的策略，對本個案所列舉的問題提供短期和
長期的解決方案。

✎個案25：潛伏性的幫派火拼

▌ 學生背景

由於配合復興農村經濟發展的政策，當地的手工藝工廠獲得政府資助。而這座農村鄉鎮像大部分地區一樣，也遭遇到人口持續增加所帶來的困擾。

學校隨著學生人數的增加，學生之間的衝突現象亦日益加劇。校方也開始接到投訴：指校內曾發生幫派小規模的衝突。而學生家長亦向校方反應：聲稱他們的子女受到騷擾。

▌ 發生事件

六月中旬，這所共有八百名學生的中學，其校內氣氛劍拔弩張。這不僅是因為六月份的期末考日漸逼近，更是因為校內幾名男生經常發生口角與打鬥所引起。尤其最近的一次打鬥，是數名男生於週一午休時間口頭侮辱幾名女生所引起。接著在週三下午，學校行政人員就接獲密告，指隔天放學後，將會在學校操場爆發一幕幫派火拼的場面。

▌ 學習活動

A　爲學校行政人員而設計的學習活動：

(一) 你是否會和校內潛伏的幫派領袖晤談？假若這樣做，是
　　否會更令他們表現出不可一世？
(二) 你將採取那些必要措施去阻止事態擴大？
(三) 你需要那些其他方面的社會資源來支持你的行動？
(四) 你如何循循善誘地使校內不同幫派間的緊張關係，能逐
　　漸轉趨融洽與和諧？

B　爲輔導教師而設計的學習活動：

(一) 你將如何利用完形治療的技巧，以教導學生彼此容忍？
(二) 在你和各幫派好戰學生進行一對一直接會談時，你如何
　　利用實物治療的技巧來輔導他們？
(三) 你可以爲學校設計那些解決幫派衝突的活動計畫？

C　爲導師而設計的學習活動：

(一) 在勸阻學生不可組織幫派工作上，你將扮演什麼角色？
(二) 你認爲家長在勸阻子女不可加入幫派的工作上，可以扮
　　演什麼角色？
(三) 你將推行什麼計畫，以幫助學生接受和處理同儕之間的
　　差異？

D　為對相關教育法令有興趣的教育工作者而設計的學習活動：

(一) 若兩個幫派「已同意」打鬥，這樣會否構成「傷害」罪？

(二) 在法律上，傷害罪的構成要件是什麼？

(三) 如何分辨此類幫派打鬥事件與偶然球賽中發生的打鬥事件之差異？

E　為採用小組討論的教育工作者而設計的學習活動：

集體草擬一份完全符合法令的計畫，並協調校長、輔導教師及導師等人通過採取的策略，對本個案所列舉的問題提供短期和長期的解決方案。

✎個案26：以死亡恐嚇師長的學生

▼ 學生背景

在某所都會區的私立高中，學生組成分子背景複雜，年齡差距頗大，而且有些已有工作經驗。校內學生雖然常有小摩擦，但大致上仍相安無事。

▼ 發生事件

教授高二英文科的柯老師，過去兩年一直在該校任教。他以工作努力，對學生要求嚴格著稱。最近，他被一名高二男生阿雄激怒；阿雄具有把作業做好的資質，但卻經常敷衍塞責，且草率完成作業交差了事。柯老師曾經在班上用一些尖酸刻薄的措辭責罵他，希望他改善。然而，幾日之後，當柯老師正在批閱另一堆班上作業之際，赫然發現一張字條，上面寫著：「柯老師，我已受夠了你在班上對我的侮辱。我限你在三星期內離開學校，否則我會殺死你！」

柯老師感到非常震驚，他拿那張字條給校長看，並請教他應該怎麼辦。校長安慰柯老師不用過度緊張，同時，校長馬上傳召阿雄到校長室，要他解釋自己的行為與動機。接著要他立即停課休學，直到接獲學校進一步通知為止。

第二天晚上，在學校高度警戒情況下，柯老師看到一名持刀

的人影在教師宿舍徘徊，這種囂張行徑終於令他忍無可忍。第二日早上，他就向學校遞交辭職信，並於下午離開這所學校。

▌ 學習活動

A　為學校行政人員而設計的學習活動：

(一) 在本個案中，校方的處理是否已經足夠？試詳述你的見解。

(二) 在缺乏家長管教的情況下，應否報警處理？

(三) 你會採取那些一般性程序，以確保貴校教職員的安全？

B　為輔導教師而設計的學習活動：

(一) 你如何輔導對老師構成威脅的學生？

(二) 你是否有一套適當的反暴力計畫？若有，請形容這套計畫的主要特色；若沒有，形容一下你將會如何設計一套反暴力計畫。

(三) 你將如何為阿雄設計一個控制脾氣的計畫，你用什麼方法以達到你的目標？

C　為導師而設計的學習活動：

(一) 你如何評估柯老師對阿雄的態度？

(二) 要誘導學生改善其行為，是否還有其他方法可供選擇？

(三) 你將如何和阿雄一起合作，以改善他的學業？

(四) 若你發現一張帶有恐嚇性的字條，你會做出怎樣的反
應？

D　爲對相關教育法令有興趣的教育工作者而設計的學習活
動：

(一) 就算該名學生沒有實現他的威脅，但他恐嚇要「傷害他
人身體」是否已犯了刑事罪？

(二) 勸告學生「休學」，是否合乎受教育的基本公平的原則？

E　爲採用小組討論的教育工作者而設計的學習活動：

集體草擬一份完全符合法令的計畫，並協調校長、輔導教師
及導師等人通過採取的策略，對本個案所列舉的問題提供短期和
長期的解決方案。

第五部分

家庭與學校忽略的邊緣學生

✎個案27：學分不足的學生

▮ 學生背景

文得是位聰明但好辯的高三學生。他出身於中產階級家庭，父親是位知名律師。雖然大部分教過文得的老師認為他有時粗野無禮及愛好爭辯，但是他在過去兩年的就讀期間，並沒有違反校規的紀錄。今年是他在該校就讀的最後一年，他打算高三畢業後，繼續進入大學，主修機械工程。

▮ 發生事件

星期二上午，他突然以進退兩難的心情走進輔導室。因為，在高三下學期，文得原計畫同一時間修讀高一數學和高三數學（根據紀錄，他在兩年前數學考試不及格）。但不幸地，他的上課時間表安排出現衝突：若他要同一時間修讀高一和高三數學，他就無法兼顧英文。而英文則是高三畢業考試必須及格的科目。輔導教師獲悉後也感到無可奈何。隨後他翻查文得的檔案，發現他已經修讀完高二數學。

這表示就算他高一數學不及格，但他既然獲得修讀高二數學，並且考試及格，當然有權要求校方補發高一的數學科學分給他。

學習活動

A　爲學校行政人員而設計的學習活動：

(一) 你是否會接受文得的請求，補發數學科學分給他？或是還有其他選擇？
(二) 當初沒有查證清楚此項問題，到底是誰的過失？
(三) 和此事件相關的數學老師是否也要負責？
(四) 校方怎樣避免日後再有此類情形出現？

B　爲輔導教師而設計的學習活動：

(一) 根據輔導教師的職業操守，你主要向誰負責專業上的責任——校長抑或學生？
(二) 你和文得、他的父母以及校長「三方」舉行會談後，你將如何以第三者調停人的身分，提出解決衝突的方案？
(三) 文得要求與你進行輔導性的會談，你是否會接受他，抑或把他轉到另一位專業人士那裡接受輔導？理由何在？

C　爲導師而設計的學習活動：

(一) 有位高一數學考試不及格的學生，能否在高一級的數學科考試及格？
(二) 在指導學生學業過程中，你扮演什麼樣的角色？
(三) 高三的數學教師可以做些什麼事情，以改正這種情況？

D 爲對相關教育法令有興趣的教育工作者而設計的學習活動：

(一) 若文得提出的請求被校方拒絕，他的父親能否提出申訴？

(二) 在此件個案當中，校方應該怎樣做，以符合行政慣例之原則？

E 爲採用小組討論的教育工作者而設計的學習活動：

集體草擬一份完全符合法令的計畫，並協調校長、輔導教師及導師等人通過採取的策略，對本個案所列舉的問題提供短期和長期的解決方案。

✎個案28：因家長疏忽而經常挨餓的小孩

▌ 學生背景

現年八歲，就讀小學二年級的美珠，外面看起來臉色蒼白、身體瘦弱，並且營養不良。她有時甚至沒吃早餐就到校上課。她的午餐通常只是一塊塗上少許花生醬的乾麵包（有時是一塊已經發霉的麵包），加上一壺開水。而攜帶到校的午餐通常用一個十分骯髒，用完又再用的塑膠袋裝著。

美珠和父親住在某間房屋的車庫。住在樓上的則是她的姑媽、姑媽的男朋友和她的表兄姊。美珠的母親在她三歲時就和她的父親分手。目前她的父親失業，靠生活補助金過活，家庭經濟狀況不佳。

▌ 發生事件

美珠的導師注意到，不論她如何試圖使全班學生參與集體討論，美珠總是保持沈默。她的注意力只能維持一段短時間，並且整日顯得很疲倦，有時甚至在上課時打瞌睡。她在學習方面並沒有太大的困難，但當老師問及剛才討論的話題時，她又顯得不知道該怎樣回答。同時，在班上她並沒有擔任任何幹部。

上體育課時，美珠經常找藉口，不想和同學一起運動。下課時，其他同學在操場玩耍，她又寧願坐在操場一角休息。美珠的

導師懷疑她可能吃得不適當，因此曾經安排一名義工教美珠如何烹製適當的食物。

根據學校的義工、學校的輔導老師、社工人員的報告，都認為美珠的居住環境還可以接受。一如她的姑媽所強調的：電冰箱和櫥櫃皆存放足夠的食物。她的父親亦願意接受援助，並且經常和學校的教職員配合，同時保證他將會為美珠準備適當的食物。

雖然這樣，但美珠依然未吃早餐就到校上課；此外她的午餐依然是沒有足夠營養的食物。

▌ 學習活動

A 為學校行政人員而設計的學習活動：

(一) 校方派遣學校輔導教師及義工造訪美珠的家庭，這樣做是否已經足夠？
(二) 你認為還需要採取什麼行動，以糾正這種狀況？
(三) 你怎樣處理貴校那些因家長疏忽而挨餓的學生？

B 為輔導教師而設計的學習活動：

(一) 你如何運用「遊戲治療❶」與美珠建立溝通與互信？
(二) 你如何運用「藝術治療❷」與美珠建立溝通與互信？
(三) 你將如何運用寫日記療法，加上「遊戲」及「藝術」治

療，為美珠疑似被人虐待的情形進行檢查？

C　為導師而設計的學習活動：

(一) 在你可以協助美珠解決難題之前，你還需要知道什麼資料？

(二) 你是否會覺得讓美珠有機會學習烹飪，這樣你為她做的事情已經足夠？假若你覺得不夠，你還可以做什麼？

(三) 請扼要講述你為班上學生擬定的基本營養學的內容。

D　為對相關教育法令有興趣的教育工作者而設計的學習活動：

(一) 根據你在本個案所獲悉的資料，你是否發覺因為美珠的父親和她姑媽的態度，導致她的基本需要被蓄意忽視？

(二) 你必須遵守那些法律行動的規範？

E　為採用小組討論的教育工作者而設計的學習活動：

集體草擬一份完全符合法令的計畫，並協調校長、輔導教師及導師等人通過採取的策略，對本個案所列舉的問題提供短期和長期的解決方案。

註 釋

❶遊戲治療（play therapy）：多用於一對一的治療方式，個案可能不善言詞，因此治療師呈現多種玩具供個案選擇，觀察其遊戲的方式、所表達的情緒，來做診短斷和治療。

❷藝術治療（art therapy）：藝術治療有兩種取向，一為心理分析導向的模式，藝術成為非語言的溝通媒介，配合當事人對其創作的一些聯想和詮釋來抒發其負面情緒、解開心結；從表現性藝術，如音樂、繪畫、舞蹈等來探究其內在的心理問題及特質。另一種取向則傾向於藝術本質論，透過藝術創作的過程，緩和情感上的衝突，提高當事人對事物的洞察力或達到情緒淨化的效果。

✎個案29：對抗嗜賭父親的小孩

▌ 學生背景

在一所中學唸高三的王淑珍，其學業成績一直名列前茅。很多時候她都在圖書館埋首溫習功課，或者獨自在學校走廊看書。雖然老師在十一月份的成績報告寫了以下的評語：「……需要多參與集體討論。」，使其母親到學校和老師進行會談。但總括來說，她的成績依然經常獲得老師的讚賞。王太太曾告訴淑珍的導師，聲稱淑珍除了讀書、溫習功課之外，在家什麼事都不用做，同時無需學校施加壓力，她自己已經承擔了足夠的壓力。王太太也對淑珍的導師和學校表示不諒解，認為他們「小題大作」，並且表示她的「家庭問題」已經令她非常苦惱，難以處理。由於王太太不願詳細講述她的「家庭問題」，因此她和導師的會談亦就此草草結束。

▌ 發生事件

近來，淑珍的行為和情緒突然變得反覆無常。她開始經常曠課。另一方面，她加入了畢業紀念冊委員會、畢業生委員會與校刊委員會。

淑珍的導師更注意到：她可能今天在班上積極地辯論一項問題，但隔天又完全臨陣脫逃的怪現象。於是導師介紹她到學校輔導教師那裡接受輔導，並對輔導教師表明，淑珍可能情緒上有一

些問題。後來淑珍和輔導教師對談時,她終於透露父親有嗜好賭博的習慣,最近推出的電腦網路賭博遊戲,更令他沈溺其中,一下班就賭博。只有在他贏了錢的情況下,他才會懷著愉快的心情回家。但很多時候,他總是輸錢多過贏錢,而且欠下不少賭債,因而懷著惡劣的心情返家,然後把輸錢的一股怒氣向家人發洩。淑珍承認她目前是「離家出走」和朋友或親戚同住,只有在偶然的情況下才會返家一次。在結束與輔導教師的會談時,淑珍答應改善她的出席率,並要求輔導教師不要告訴其母親,聲稱其母恐怕無法接受刺激,況且她不想讓她母親擔心。

▌ 學習活動

A 為學校行政人員而設計的學習活動:

(一) 請概述一些你必須用來援助淑珍的行政策略。

(二) 由於越來越多人依賴賭場來增加他們的收入,你有什麼計畫來援助那些家庭受到賭博問題困擾的學生?

B 為輔導教師而設計的學習活動:

(一) 你如何與學校義工合作,利用淑珍父親的僱主及其他家庭成員使他面對自己嗜賭的問題?

(二) 你將會如何為那些像淑珍這樣的受害者成立及運作一個支援小組?

(三) 你可以怎樣投入當地戒除不良嗜好基金會相關組織,以

正面積極的態度去教導貴校學生認識有關賭博的問題及害處？

C 為導師而設計的學習活動：

(一) 你應如何支援淑珍，使她能完成高中學業？
(二) 你會運用那些科目，讓學生認識與賭博有關連的問題？
(三) 若以「預防勝於治療」觀點而言，你如何教導學生抗拒賭博的誘惑？

D 為對相關教育法令有興趣的教育工作者而設計的學習活動：

(一) 若一群學生在校內放置賭具及出售籌碼，則他們是否觸犯刑法？
(二) 若你故意容許學校被用做賭博場所，你是否犯了刑事罪？

E 為採用小組討論的教育工作者而設計的學習活動：

集體草擬一份完全符合法令的計畫，並協調校長、輔導教師及導師等人通過採取的策略，對本個案所列舉的問題提供短期和長期的解決方案。

✎個案30：生活在家庭破裂陰影下的小孩

▌ 學生背景

在繁榮市區中的一所小學唸三年級的麗芳，如同大部分同學一樣，在校生活經常充滿歡樂，對學習也十分有興趣。其父母都是中上階層的人士，父親在一間工程公司任職，母親則在大型購物商場內管理一間販賣女性服飾的商店。夫妻倆都很關心麗芳的學業，並且十分支持學校的所有活動——包括籌款活動在內。

▌ 發生事件

然而，最近麗芳失去對課業的熱衷，她不再充滿歡笑。從她憂鬱的眼神，可以猜測到必然發生一些十分不如意的事情。除了失去昔日歡樂的笑容外，她還表現出和好友疏遠的跡象。下課期間，麗芳寧願獨自在操場散步或者依偎在導師李老師身旁，也不願和大夥兒一起玩耍。當她被問及為何不若以往那般充滿歡樂，以及不專心聽講的情況時，麗芳剛開始總是避免直接回答這些問題，經過李老師多次耐心引導和鼓勵之後，麗芳開始透露家中發生的一些爭吵情形，暗示父母之間的婚姻關係出現問題。而李老師所能做到的只有盡力安慰她，並要她無須擔憂。

有一天，在下午上課開始之前，麗芳突然雙眼紅腫來到李老師面前，含著淚對老師說她的父母已同意離婚，同時不再是她監護人的父親將調到另一個縣市，到另一間公司工作。

此事發生之後幾個月，某個星期五下午，麗芳的父親突然來到學校，要求李老師讓他接麗芳放學，並帶她去探望其祖父母。

▌ 學習活動

A　爲學校行政人員而設計的學習活動：

(一) 若李老師就麗芳父親提出的要求，向你徵詢意見時，你會怎樣做？

(二) 當貴校的教師和那些因父母分居或離婚而導致心靈受到創傷的學生進行會談時，你會給他們什麼建議？

B　爲輔導教師而設計的學習活動：

(一) 你將如何運用完形治療來輔導麗芳？

(二) 形容一下你將爲像麗芳這樣的兒童，而設立的支援小組的情況。

(三) 你將如何運用遊戲治療和藝術治療，幫助麗芳面對她的傷痛、家庭的轉變以及失落感？

C　爲導師而設計的學習活動：

(一) 你怎樣協助麗芳處理她的心靈創傷？

(二) 你對本個案中的父親有什麼適當的回應？

(三) 你對本個案中的母親有什麼責任？

(四) 你可以運用課程內那些部分去處理下列問題：

a. 在過渡期的家庭
　　　　b. 面對家中的轉變

D　為對相關教育法令有興趣的教育工作者而設計的學習活動：

　(一) 在輔導那些陷入家庭破裂困境的兒童時，採取偏袒一方的態度是否為明智之舉？
　(二) 一位對子女具有監護權的家長，有那些一般性的權益？而一位沒有監護權的家長，又有那些權益和限制？
　(三) 若麗芳父親的請求獲得兌現，則校方是否有民事責任？

E　為採用小組討論的教育工作者而設計的學習活動：

　　集體草擬一份完全符合法令的計畫，並協調校長、輔導教師及導師等人通過採取的策略，對本個案所列舉的問題提供短期和長期的解決方案。

✎個案31：疑似被家人虐待的女孩

▌ 學生背景

淑莉是名剛由大都市轉學至鄉下的高二學生，外表來看，她和一般熟悉都市生活方式，並且頭腦靈活的少女沒有兩樣。只是，她穿著時髦、佩帶名貴首飾及項鍊，手腳明顯地留有自我弄傷的疤痕。她經常曠課，由於父母無法管教她，淑莉目前和祖父母住在這個鄉村小鎮。

淑莉在學校經常保持沉默，和同學的互動並不頻繁，但她在功課上的表現卻相當得心應手，當她努力去做時，她可以輕而易舉地及早完成她的作業。

▌ 發生事件

星期五下午，她在導師陪同下來到校長室。她的表情流露出蔑視的態度，因為她被指控涉及一宗校園失竊案。她涉嫌從一名女同學錢包內偷取一千元，同時又襲擊該名女同學，才被導師帶到校長室接受問話。

經過長達一小時問話之後，淑莉終於突破心防向校長和導師哭訴她過去曾有多次被人性虐待的遭遇，而目前與她同住的祖父，也是涉嫌非禮和虐待她的其中一名疑犯。

▌ 學習活動

A 為學校行政人員而設計的學習活動：

(一) 淑莉在校內盜取同學財物這件事，應否只被視為與她的
創傷有關連的一宗事件來處理？

(二) 你會採取什麼措施去解決校內偷竊事件？

(三) 在處理這件個案過程當中，還有那些範疇必須留待進一
步調查？那些人應該接受調查？

(四) 若貴校不能容忍學生的反社會行為，而把淑莉驅離學
校，這是否是一項可行的解決方案，其理由又何在？

B 為輔導教師而設計的學習活動：

(一) 你將會如何輔導淑莉繼續生存下去及重建自我尊重？

(二) 你和社工將如何以外人身分介入淑莉的家庭，協助她的
家庭改善溝通模式及解決衝突的方法？

(三) 你將草擬一個什麼樣的長期計畫，為淑莉及其他相同遭
遇的女孩在校內成立一個支援小組？

C 為導師而設計的學習活動：

(一) 你應如何為淑莉營造一種支援氣氛，例如把學校創造成
一處安全的地方？

(二) 若你是那位當場揭發淑莉違反重大校規的教師，你首先
會採取什麼行動：

　　　　a. 先處理校內偷竊。

　　　　b. 先處理侵犯他人身體的行為。

　　(三) 有那種課程可以幫助孩子瞭解他們無須忍受被他人性虐
　　　　待或其他身體上的侵犯？

D　爲對相關教育法令有興趣的教育工作者而設計的學習活
　　動：

　　(一) 你是否認爲在本個案中的侵犯他人身體及偷竊行爲，足
　　　　以構成犯罪行爲？

　　(二) 那些是校方必須遵守的法律義務？

E　爲採用小組討論的教育工作者而設計的學習活動：

　　　集體草擬一份完全符合法令的計畫，並協調校長、輔導教師
及導師等人通過採取的策略，對本個案所列舉的問題提供短期和
長期的解決方案。

✎個案32：在學校內隨意大發脾氣的小孩

▌ 學生背景

九歲的必成與母親和繼父同住，一家人經常遷徙，居無定所。

必成曾有被人虐待導致傷痕累累的紀錄。當他四個月大時，因為父母的疏忽，身體出現脫水現象，緊急送醫救治。到他八個月大時，又因為骨折，再次送醫接受治療。必成的母親有酗酒的習慣，她曾有未經醫師批准，擅自把必成抱出院的紀錄。

必成七歲入學。從小學一年級開始，就發現他有好勇鬥狠的傾向。自他就學開始，前後進出過七所不同學校就讀。必成亦有多次被家扶中心送到寄養家庭接受正常生活的紀錄。

目前必成唸小學三年級，他有過遇到任何功課不懂怎樣做時，就逃學的紀錄。若不准他逃學，他將變得非常凶狠好鬥。當他逃學時，通常躲在浴室內，或者自行反鎖在房內。如果他被迫返回教室上課時，他會出現吐口水、咬人、踢人和咒罵他人等難以控制的暴力行為。

▌ 發生事件

某日早上，必成又再次逃學，並且被校長撞見。校長試圖陪

必成返回教室。但必成卻迅速衝入廁所內。就算多次勸誘，必成依然拒絕走出廁所。校長迫於無奈，唯有弄開那道門，拉必成出來。但必成卻向校長吐口水、拳打腳踢及詛咒。他更進一步拔下牆上電源插頭的外殼，企圖觸電自殺。

▌ 學習活動

A　**為學校行政人員而設計的學習活動：**

(一) 為何在此個案中不宜引用校規？

(二) 你應該向那個政府部門請求協助？

(三) 應否要求教育局為此類兒童設立「特殊班」？

(四) 學校或教育局方面，目前有什麼對策應付此類學生？

B　**為輔導教師而設計的學習活動：**

(一) 經過適當的醫療診斷之後，發覺必成患有「胎兒酒精性症候群❶(FAE或FAS)」時，你將於必成在校期間，推行那些補救和糾正行為的策略來幫助他？

(二) 你將如何向其他教育專業人士提供有關胎兒酒精性症候群的資料？

(三) 在輔導必成時，你將如何幫助他正視其缺乏認知能力，而無法組織成因及聯想後果的這種事實？

C 為導師而設計的學習活動：

(一) 你還需要知道哪些什麼資料才能對必成提供協助？

(二) 必成必須接受那類訓練，才能成為一個懂得照顧自己與別人的男孩？學校可以提供那些訓練？

(三) 你應怎樣向其他小孩解釋必成的情況？

(四) 你將採取什麼預防措施，來確保班上其他學生的安全？

D 為對相關教育法令有興趣的教育工作者而設計的學習活動：

(一) 在法理上，校方應怎樣處置像必成這樣的學生？

(二) 安排一些校方應該採取，以確保校內其他學生安全的一般性措施。

E 為採用小組討論的教育工作者而設計的學習活動：

　　集體草擬一份完全符合法令的計畫，並協調校長、輔導教師及導師等人通過採取的策略，對本個案所列舉的問題提供短期和長期的解決方案。

註　釋

❶胎兒酒精性症候群（FAE：Fetal Alcohol Effects；FAS：Fetal Alcohol Syndrome）：有
　酗酒習慣的孕婦有高於35%的可能性產下有此症狀的嬰兒，會造成胎兒智力發展遲緩
　四肢缺陷等問題。

✎個案33：警察造訪學校

▌ 學生背景

十六歲的阿強就讀於市區一所私立高中。父母在幾年前離婚，而他目前和母親同住。在學校期間，阿強曾有長期行為不檢及多次休學的紀錄，此外他的學業成績是勉勉強強。學校方面，在許多場合亦曾告訴他的母親，請求她提供協助。但阿強的母親必須做兩份工作來維持家計，她承認自己無法管教兒子。阿強也曾多次離家出走，其母根本無法講出他在哪裡過夜，更不知道他的下落。

▌ 發生事件

一個星期三下午，阿強正在上職業訓練課程時，一名警官突然在校長室出現，表示要調查幫派闖入他人住宅偷竊及汽車竊盜的案件：被警方拘捕的其中一名幫派成員，在警方盤問之後，供出一份涉及此案件的其他成員名單。在名單內赫然發現阿強亦在其中，因此那名警官請學校允許阿強到警察局，正式接受問話及調查。

▌ 學習活動

A　爲學校行政人員而設計的學習活動：

(一) 若你是這件個案的校長，你會怎樣答覆警官的請求？

(二) 若阿強被正式起訴，你將會採取何種後續行動？

(三) 在處理觸犯刑事罪行的學生問題上，你將會遵守那些和學校直接有關的政策？

B　爲輔導教師而設計的學習活動：

(一) 閱讀過學校心理學家對阿強的犯罪心理行爲做出診斷後，你將建議教師運用那些教學技巧，及行爲糾正方法來教導阿強？

(二) 你將如何在學校爲阿強設立一個良師益友計畫，及一個同儕輔導計畫？

(三) 你將如何運用實物療法使阿強在權力慾望、歡樂自由、物質擁有及自我肯定等方面得到滿足？

C　爲導師而設計的學習活動：

(一) 你還需要知道一些什麼資料？

(二) 你將如何讓阿強專心於自我行爲改變的計畫？你又會怎樣讓他的母親參與此項計畫？

(三) 你如何處理那些涉嫌觸犯刑事罪行的學生？

(四) 在學校課程內，是否有一些單元可以讓你向學生講授有

關違反法律的後果？

D 爲對相關教育法令有興趣的教育工作者而設計的學習活動：

(一)若教育工作者知道有些學生已犯罪，但又沒有對他們採取任何行動，則他們本身犯了什麼罪？

(二)學生擁有什麼法定權益？在面對警方要求進行刑事罪行調查時，你可以怎樣維護那些權益？而你又必須遵守一些什麼程序？

E 爲採用小組討論的教育工作者而設計的學習活動：

集體草擬一份完全符合法令的計畫，並協調校長、輔導教師及導師等人通過採取的策略，對本個案所列舉的問題提供短期和長期的解決方案。

✎個案34：擅自駕車兜風釀成悲劇

▶ 學生背景

　　這件個案發生於一所積極參與各項校際活動的鄉村學校。這所學校在過去幾年的校際活動中皆有出色的表現，特別是青少年組的校際籃球比賽及排球比賽，更連續多屆奪得冠軍。該校的球隊教練雷老師，因為球隊連續多屆的優異表現，自然大受讚賞，而且去年他在體育運動方面因有傑出表現，獲得當局頒授獎狀，成為社區內受歡迎的老師之一。

▶ 發生事件

　　去年十一月的某個週末，雷老師偕同五名年齡十三歲至十五歲的男生，乘坐一輛由合格司機駕駛的廂型車，前往鄰近的一所學校參加排球比賽。在比賽結束的回家途中，他們在路旁一所速食店停下來，準備吃午餐。而五名男生當中，有些進入速食店買一些飲料及薯條，然後返回車內。其餘則跟隨教練和司機進入速食店買漢堡，而教練雷老師則和司機在店內吃午餐。那兩三名男生吃完漢堡之後，走出速食店返回車上與同學會合。但幾分鐘後，他們又走到那間速食店，向司機索取鑰匙，聲稱汽車內的冷氣太冷。在徵得雷老師的同意下，司機走出速食店，坐上駕駛座，並開動引擎，然後警告那群男孩不要胡鬧嬉戲，就又返回店內，繼續吃他的午餐。可是當雷老師和司機吃完午餐結帳時，赫

然發覺車子已被人開走。剛開始他們以為那些男孩只是駕駛那輛車去兜兜風，很快就會回來當時是下午二時。

豈料，時間一分一秒地過去，十五分鐘之後，他們仍然不見那群男孩把車子開回速食店附近。於是雷老師和司機唯有打電話報警及通知校長。警方把那輛汽車列為失車，並通知各單位密切注意。原來那群男孩擅自駕駛該輛車子在外遊玩了八小時。其間他們曾駕著車子撞倒籬笆，後來又買了一些酒喝，喝得醉醺醺。接著，他們又載了一些朋友上車。結果，在駛向市區途中，整輛車子失控，因而造成一名學生喪生。

▌ 學習活動

A　為學校行政人員而設計的學習活動：

(一) 你會怎樣處置那些涉及擅自偷駕廂型車外出遊玩的學生？

(二) 你又會如何處置雷老師和司機？

(三) 對於下列人士你會怎樣做？

　　a.喪失兒子的家庭

　　b.學校的教職員

　　c.校內那些因好友在交通意外中喪生，而感到悲痛的學生

(四) 你準備採取什麼措施去防止此類悲劇再度發生？

B　為輔導教師而設計的學習活動：

(一) 請形容一下，你將如何選擇適當人手，成立一個善後處理委員會，對學生進行心理輔導工作。

(二) 請解釋一下，你將如何在家長、教師、學生、校長及校外人士諸如警方、律師及報界之間，擔當溝通媒介的角色。

(三) 請扼要講述你為這次駕車失事獲救生還學生所設計的生還小組計畫。

C　為導師而設計的學習活動：

(一) 你如何輔導學生處理喪失同窗之痛？

(二) 這件個案代表背信。你怎樣透過討論，幫助你的學生明瞭背信的後果和生離死別的無常？

D　為對相關教育法令有興趣的教育工作者而設計的學習活動：

(一) 你是否覺得球隊教練和司機要對這件悲劇負法律責任？

(二) 學校是否亦要負法律責任？理由何在？

E　為採用小組討論的教育工作者而設計的學習活動：

集體草擬一份完全符合法令的計畫，並協調校長、輔導教師及導師等人通過採取的策略，對本個案所列舉的問題提供短期和長期的解決方案。

第六部分

危害學校與社區關係的學生議題

✎個案35：建議學生重讀

▌ 學生背景

就讀小學五年級的迪安是一位個性孤僻，但善於捏造事實的學生。他的父母經常輪流拜訪學校，並向校方投訴有些教職員涉嫌虐待迪安，而其母經常誇大兒子的才智，並且表明無法容忍學校老師對迪安的任何批評。

至於迪安的父親，則認為自己的兒子聰穎過人。把教師對迪安的批評視為人身侮辱。總而言之，迪安的父母都不理會迪安學業成績表現欠佳，以及他和其他同學或老師相處欠缺融洽關係，還有他明顯地無能為力做出適當的行為等事實，只是在背後盲目地支持他。

過去一個學年裡，迪安的導師經常和他的父母接觸，向他們講述有關迪安的學業問題，以及他經常在學校行為不檢的事實。

▌ 發生事件

在六月下旬，學校寄出附上導師評語的成績單，導師認為由於迪安的學業成績和操性表現未達到應有的進步，因此，老師建議他應該重讀一年。但當迪安母親收到這份成績單，她第一個反應是衝入校長室，要求就導師對迪安的評語提出更正，否則揚言上訴法院，指控校方怠忽職守。

▌ 學習活動

A　爲學校行政人員而設計的學習活動：

(一) 你將如何處理迪安父母的要求？

(二) 是否可以在學期結束前防止此類事件「爆發」？

(三) 在學校被視爲「學業上有困難」的學生，你會運用什麼正規的程序去幫助他們？

B.爲輔導教師而設計的學習活動：

(一) 請你以中間協調者角色召開會議，協助迪安的父母與校方解決彼此之間的衝突。你將會提供一些什麼建議，其依據又何在？

(二) 若你受邀提供一些協助，你將如何輔導這個家庭，特別是這個家庭的父子關係？

(三) 你將如何把拯救者、受害人及恃強凌弱者三方的立場結合爲一體，以強化迪安、他的父母，以及老師三方之間的關係？

C　爲導師而設計的學習活動：

(一) 你可否草擬一些計畫，使迪安成爲一位更加快樂，以及樂於參與各種活動的學生？

(二) 你將運用哪種形式持續不斷地監督計畫的執行，或者補救修正計畫，去應付那些類似迪安這般的學生？

(三) 你將如何與迪安的家長建立關係？

(四) 若迪安那份成績單內所作的重讀之建議不可行，你又將如何處理迪安明顯地無法應付高一級課程的困境？

D 為對相關教育法令有興趣的教育工作者而設計的學習活動：

(一) 若教師屈就家長的壓力，不分青紅皂白地讓程度不夠的學生升級，是否構成「怠忽職守」？

(二) 站在法理及專業角度，處理學業上有問題的學生時，應怎樣做才是「正當程序」？

E 為採用小組討論的教育工作者而設計的學習活動：

集體草擬一份完全符合法令的計畫，並協調校長、輔導教師及導師等人通過採取的策略，對本個案所列舉的問題提供短期和長期的解決方案。

個案36：不爲人注意的學生受傷事件

學生背景

十二歲的瑞眞，在市區一所小學唸六年級。她對體育一直不感興趣，因而常常上體育課時就告缺席。

發生事件

星期三下午上體育課時，剛開始瑞眞在操場的角落玩籃球，因爲突然跌倒而扭傷足踝，她單腳跳呀跳地在樓梯口坐下來。體育教師柯老師當時並未察覺瑞眞扭傷足踝，但知道她沒有上體育課。當他要求瑞眞作出解釋時，瑞眞有些漫不經心地回答：「我扭傷腳了！」當時柯老師猜測這又是瑞眞逃避上體育課的詭計。儘管如此認爲，但柯老師並沒有強迫她一定要上體育課。

體育課結束後，瑞眞在同學扶持下，單腳跳地由一間教室走到另一間教室。她並沒有讓任何老師知道她扭傷腳的痛苦。但等到放學，瑞眞的母親帶她去接受醫生診治時，她扭傷的足踝已經腫脹到不能放入石膏鑄模內，而且必須請整整一星期的病假在家休養。

瑞眞的母親對學校教職員的「疏忽」，顯然感到十分憤怒。她在當日下午五點半打電話給校方，結果發覺該校校長外出開會尚未返校，至於其他教職員，包括體育教師柯老師在內，都已經

全部下班離開學校。

　　第二日早上，瑞眞的母親怒氣沖沖地來到校長室，要求該校校長就此事作一解釋。

▌ 學習活動

A　爲學校行政人員而設計的學習活動：

(一) 你是否覺得該校的教職員對瑞眞的傷勢惡化，也要負部分責任？理由何在？

(二) 當瑞眞的母親來到辦公室時，你準備怎樣回應她？

(三) 你如何防止同類事件再度發生？

B　爲輔導教師而設計的學習活動：

(一) 你將如何調停，使瑞眞和柯老師直接溝通，解決兩人之間的衝突？

(二) 你將如何與瑞眞的母親進行面談？並且如何運用以受輔導者爲中心之療法，來處理她的怒氣？

(三) 你如何促使瑞眞、瑞眞母親以及體育教師柯老師進行一次會談，以解決彼此之間的衝突？

C 為導師而設計的學習活動：

(一) 若你是瑞眞的體育教師，你是否會運用與柯老師截然不同的方法來對待瑞眞？

(二) 若你是當日下午在場的某一位教師，你會做些什麼事情？

(三) 若你見到一些學生出現某種形式的痛楚，正常情況下，你會怎樣做？

(四) 你將如何和瑞眞合作，使她樂於參與各方面的體育活動？

(五) 你又將會如何與瑞眞的家長合作，共同努力使瑞眞參與一切有益身心的活動。

D 為對相關教育法令有興趣的教育工作者而設計的學習活動：

(一) 你是否覺得柯老師和校方「怠忽職守」？試加以分析。

(二) 由於瑞眞必須告假缺席一星期，校方是否有法定義務要協助她趕上學業進度？

E 為採用小組討論的教育工作者而設計的學習活動：

集體草擬一份完全符合法令的計畫，並協調校長、輔導教師及導師等人通過採取的策略，對本個案所列舉的問題提供短期和長期的解決方案。

✎個案37：店舖內的偷竊者

▶ 學生背景

此件個案涉及的中學是一所座落於都市的名校。該校大部分學生都計畫在畢業後，繼續進入大學深造。由於學校沒有提供學生吃午飯的餐廳，但返家用餐時間長達一小時又十分鐘，於是部分學生選擇留在校內。其中一些留在校內的學生在吃過午餐後，常會利用剩下的時間，在學校附近的各個購物商場閒逛，就讀該校二年級的凱如和可欣便是如此。

▶ 發生事件

某日午餐時間，該校一群二年級學生，包括凱如和可欣又再度到購物商場閒逛。其中一名學生提議：比賽看誰可以在某間店舖內偷取最多的巧克力糖，而不被人發覺。當時大家都同意進行這項比賽。然而，他們的一舉一動，全部被店內的監視錄影拍攝下來。店舖的經理和店員更當場逮捕了數名在店內偷竊的學生，但凱如和可欣則僥倖逃脫，飛快奔回學校。由於店舖經理已經報警，不久，兩名警官憑著店舖經理提供的錄影帶線索，來到該校校長室，要求和凱如及可欣進行面談。

▌ 學習活動

A 為學校行政人員而設計的學習活動：

(一) 午餐時間，你會在校內提供何種形式的管理計畫？

(二) 你會如何勸阻學生於午餐時間內，不要在購物商場遊蕩？

B 為輔導教師而設計的學習活動：

(一) 發生這件偷竊案，你會怎樣處理當時的場面？

(二) 這些問題的根源是什麼？

(三) 若你知道在一般十多歲的學生中，這種偷竊的行為比比皆是，你會怎麼樣做？

C 為導師而設計的學習活動：

(一) 若在教室內發生偷竊案件，你將如何處理？

(二) 此問題的根本原因為何？

(三) 如果你知道在商店行竊對你的學生而言是家常便飯，你將怎麼做？

D 為對相關教育法令有興趣的教育工作者而設計的學習活動：

(一) 在偷竊案件中，少年事件處理法與刑法的量刑準則有什

麼分別？

(二) 若學校發生偷竊案，何種形式的「搜查」，會被視為公平、合理？

(三) 若你盤問一名被懷疑偷竊的學生，在何種情況下你所得到的證供會被法院採納？

E　為採用小組討論的教育工作者而設計的學習活動：

　　集體草擬一份完全符合法令的計畫，並協調校長、輔導教師及導師等人通過採取的策略，對本個案所列舉的問題提供短期和長期的解決方案。

✎個案38：遭同學騷擾和欺凌者

▌ 學生背景

　　亞玲是一位個性膽怯、現齡十四歲、就讀國二的女生。她來自一個有教養的家庭。父親是著名的生意人，母親則在家中負責照料一家七口的大家庭。由於她是這所學校的新生，加上性格內向，因此亞玲未能十分順利地在校內結交朋友。班上一些男生，常利用她的膽小害羞和孤立無援，藉此嘲笑及愚弄她。亞玲曾經多次向老師報告，班上一些男生在下課時對她說猥褻的話，或者故意推撞她。但她的老師大部分時候只是安撫她，向她肯定地表示：那些使人不悅及厭煩的行為僅是那班男生的「粗鄙玩意」，並無惡意。

　　因此亞玲心靈上受到不少痛苦，可是她並沒有把在學校的遭遇告訴父母。雖然這樣，但一些帶有騷擾性的電話開始入侵亞玲的家庭。這些電話，由晚上七時至晚上十一時隨時響起，使亞玲和她的親人不勝其擾。此後亞玲經常覺得不舒服，後來經過醫生診斷後，證實她的身體並沒有毛病。醫生向她的父母表示，亞玲的問題，主要是心理的問題。於是，亞玲的父母輪流開車接送她上下學，並且要求校長留意他們的女兒在校內被人欺凌的情形。他們亦要求校長批准亞玲轉校，但他們提出的這兩項要求，僅得到校長禮貌性的回應，始終沒有任何具體行動，因此他們也得不到任何實質結果。

▌ 發生事件

某日早上，輪到亞玲的母親駕車送女兒上學。有一些國二男生在學校大門前面聚集，當亞玲下車走到校門，那群男生在她面前大聲叫囂，一些更向她作出「不雅」的手勢，一些則裝腔作勢要舉起拳頭，又或者用身體阻止亞玲通過。她的母親看到女兒受到無理的騷擾和欺凌，怒氣沖沖地走出車外，警告那些欺凌亞玲的男生停止那些行為，趕快離開。

事後，亞玲的母親憂心忡忡地告訴校長。於是那群犯錯的男生被傳喚到校長室接受問話。在接受問話期間，他們竟然向校長反控，聲稱是亞玲的母親引起這件事件，又說她母親更恐嚇要狠狠打他們一頓。

後來亞玲的父親亦應邀到學校出席會議。校長居然在會上要求亞玲的父親保證管束其妻子，勿再恐嚇那群男生。

▌ 學習活動

A 為學校行政人員而設計的學習活動：

(一) 在這件個案，你所蒐集和瞭解的資料是否足夠？

(二) 你如何保證貴校的學生不會受人騷擾和欺凌？

B　爲輔導教師而設計的學習活動：

(一) 你將運用什麼技巧去輔導亞玲，指導她如何去對抗那些欺凌她的男生，增強她本身的力量？

(二) 在小組輔導過程中，你將如何運用行爲治療與實物治療，指導那些欺凌弱小的學生，如何以合法手段獲得他們所需要的權力，以及控制他們自己的需要而不去傷害他人？

(三) 你怎樣協助校方推行一項廣泛的、對欺凌弱小者絕不容忍的計畫？

C　爲導師而設計的學習活動：

(一) 你可以怎樣協助亞玲變得更加堅強？

(二) 你是否認爲國中男生的嘲笑、愚弄、甚至侵擾他人的行爲，跟本個案的老師見解一樣——只是典型的「粗鄙玩意」？其原因又何在？

(三) 在教室內，你可以推行一些什麼計畫或活動，去協助膽怯的學生與喜歡欺凌他人的學生，更加容易地互相了解，以及學習如何和對方相處？

(四) 你怎樣和學生家長重建良好的工作關係？

D　爲對相關教育法令有興趣的教育工作者而設計的學習活動：

(一) 若學生家長決定以校方無法爲他們的子女提供安全的學習環境爲理由，向法院控告學校，他們是否會成功？

(二) 騷擾他人是否為一項可以被接納的合法行為？試加以評論。

E　為採用小組討論的教育工作者而設計的學習活動：

　　集體草擬一份完全符合法令的計畫，並協調校長、輔導教師及導師等人通過採取的策略，對本個案所列舉的問題提供短期和長期的解決方案。

✎個案39：檢舉懷疑兒童被虐待的問題

▌ 學生背景

在一所有一百六十名學生及九名教職員的小學，它的規模雖然不大，但校長對學校及其所在的社區有一份強烈的責任感。她和教師們非常辛苦地推動學生家長及這個社區的成員參與學校的各種事務。理論上，社區成員參與學校舉辦的種活動應該會有一種歸屬感，然而並非經常如此。四年前，該校的校舍和一些教職員的財物，曾多次成為被人惡意破壞的目標。當時，校方遇到這些事件，在處理過程中未能獲得社區支持，原因是一些社區人士認為這些事件的發生應和教師的工作有關。

校長因其先生在外地做生意，因此大部分的時間都是她和兩名年幼的子女同住。

▌ 發生事件

週三早上，校車司機和一名教師向校長報告：五年級男生力祥的雙手和臉部出現一些令人可疑的瘀傷痕跡。力祥曾經對他的好友及部分肯聽他訴苦的成人說是他的父親毒打的。力祥的導師知道此事後，向校長報告力祥遭父親毆打的事件，兩人經過商議後，決定呈報社會局。社會局跟著派員到學校，和力祥及他的三位兄弟姊妹舉行會談。最後社會局通知警方並起訴力祥的父親虐待兒子。

力祥的父母隨後透過電話與校長對質，並發出恐嚇，他們要求在放學後和校長及力祥的導師面談。當警方保證絕不會洩漏這件虐兒案的檢舉人身分時，校長則向警方提到過去和這個家庭有關的暴力事件以及校舍遭人惡意破壞的事件。另外，其他教職員則擔憂他們在社區各委員會內和這位學生家長一起工作的問題。

▌ 學習活動

A　為學校行政人員而設計的學習活動：

（一）你認為向社會局舉發的做法是否正確？

（二）若再給你一次機會，你是否會有不同的作法？

（三）你是否已經破壞了過去數年來，你辛苦建立的學校和社區之間的友好關係？

（四）若力祥的父母決定遷離現在所居住的社區，也不與當局合作，則校方應該採取什麼措施？

B　為輔導教師而設計的學習活動：

（一）你如何與力祥維持一個互相信任、互相關懷的關係？

（二）你將會如何與學校的護士、社區的心理專家、學校義工以及其他有關的專業人士，為力祥建構一個支援網絡？

（三）形容一下，你和學校義工在接受輔導的家庭內，所推行的一套可以解決衝突的計畫。

C　爲導師而設計的學習活動：

（一）在你可以成功地協助力祥前，你還需要知道些什麼有
　　　關他的資料？

（二）在你通知校長之前，你是否會先和力祥會談？理由何
　　　在？

（三）你可以採取什麼措施去確保：

　　　a. 力祥的學業成績

　　　b. 在教室內及操場流傳的謠言，不會使力祥的問題更嚴
　　　　 重

（四）若日後發生另一件你所教的學生，懷疑被人虐待的個
　　　案，你的做法是否會和這次不同？

D　爲對相關教育法令有興趣的教育工作者而設計的學習活
　　動：

（一）若力祥的家長向法院提出告訴，控告校方毀謗，他們
　　　會不會勝訴？

（二）若校方不舉發懷疑學生被虐待案，你將如何處理？

E　爲採用小組討論的教育工作者而設計的學習活動：

　　集體草擬一份完全符合法令的計畫，並協調校長、輔導教師
及導師等人通過採取的策略，對本個案所列舉的問題提供短期和
長期的解決方案。

✎個案40： 企圖自殺的學生

▌ 學生背景

十二歲的史平於本學年開學時轉學到這所中學就讀。他在昔日就讀的學校，曾經歷一些困難。他的父母親在本學年初向校長透露一項秘密，那就是史平在過去有企圖自殺的行為，並接受精神科醫生治療。史平父母要求校長切勿把這個秘密告訴任何人，而校長亦尊重他們的請求，三緘其口。

在學期開始前兩個月，史平的導師曾經和他的母親接觸，設法解決雙方關注的一項問題——就是史平在校內未能結交任何朋友。當導師意識到史平是一位問題學生時，校長並沒有向她作出任何暗示，使她除了察覺到史平缺乏交友的能力或意願之外，並沒有任何不妥。校長亦沒有與導師提起此位學生的表現或學生家長向他透露的秘密。

▌ 發生事件

週一下午，校長突然接獲史平的家長通知，由於史平又企圖自殺，目前正接受治療，因此要請假兩個星期，無法回校上課。校長並且獲悉這次實際上是史平在過去一個月內的第二次企圖自殺。校長跟著通知史平的導師，告訴她史平暫時不會回校上課，並向她解釋史平缺席的原因。

▌ 學習活動

A　爲學校行政人員而設計的學習活動：

（一）站在專業角度來看，你認爲校長的做法是否正確？試著加以說明。

（二）若在史平接受治療完畢返校之前，或者他接受治療完畢返校之後，校內發生任何事故時，校方應該怎樣做？

（三）你打算如何和下列任何人運用其他策略，以處理史平問題的根源？

　　a. 校內其他教職員

　　b. 他的父母

　　c. 其他醫生或者專業人士

B　爲輔導教師而設計的學習活動：

（一）假若你與史平的母親熟識且瞭解整個事件內容，你的處理手法和校長的處理方式有何不同？

（二）當史平接受治療返校之後，你會推薦採取何種療法？

（三）作爲一項練習：你怎樣輔導那些有自殺傾向的學生？你可以怎樣減少那些「模仿式」的自殺個案發生？

（四）你如何以史平的問題爲焦點，進行家庭輔導工作？

C 爲導師而設計的學習活動：

（一）你也知道這項秘密，你的處理手法會和校長的處理方法有所不同嗎？

（二）作爲導師，你察覺到自己在處理史平的問題時扮演什麼角色？

（三）你可否就如何讓史平參與班級活動或者學校活動，促使他容易結交朋友方面，提出一些建議？

D 爲對相關教育法令有興趣的教育工作者而設計的學習活動：

（一）這宗個案中，若校長於史平未再度自殺之前就將此秘密告訴導師或他人，校長是否觸犯了隱私權？

（二）由另一個法律觀點來看，若史平自殺成功，根據法令，校方是否要負法律責任？

E 爲採用小組討論的教育工作者而設計的學習活動：

集體草擬一份完全符合法令的計畫，並協調校長、輔導教師及導師等人通過採取的策略，對本個案所列舉的問題提供短期和長期的解決方案。

✎個案41：拐帶同母異父弟妹的學生

▌學生背景

　　德昌是位脾氣非常暴躁的小六男生，他動輒就和別人打架，並且用粗暴的言語頂撞老師，既不尊重他人也不害怕任何人。

　　他的母親因早婚，在少女年齡就生下德昌這個長子。她稍後和現任丈夫再婚，再生下一男一女。德昌的繼父十分關心他的生活，經常出席家長和老師的座談會。此外，他的繼父對學校管理學生紀律方面，也很支持校方。

　　然而，德昌在校期間的行為卻顯得越來越壞，他的卑劣行徑的程度已令他的同母異父弟妹感到非常痛苦的境界，連帶也影響了德昌的母親和繼父的婚姻關係，他的繼父亦經常在他的弟妹面前，透露這些訊息。

▌發生事件

　　某日大下午約三時，距離放學時間還有半小時，德昌突然來到鍾老師及華老師任教的教室門外，以坦誠及具說服力的態度，對鍾老師及華老師表示：他是幫母親的忙，來帶同母異父的弟妹去看牙醫。

　　由於他的請求聽起來合乎情理及具說服力，兩位老師於是讓

德昌帶著他的弟妹離開學校。

由於德昌繼父的職業需要輪班工作，因此他的母親亦沒有出外工作，而留在家中照顧子女。此外，他的繼父亦要等待工作完畢，返抵家門後才有機會和家人溝通。

第二日早上七時，校長從當地電台聽到以下一則新聞：「警方現正請求民眾協助，尋找兩名昨日下午被人拐帶離開學校的小孩。這兩名小孩年齡分別是七歲和八歲，他們的哥哥曾經在學校的教室見過他們。現在，相信他們可能已經離開本地……」

當日早上，三名小孩都沒有回校上課，他們的父親則憂心忡忡地到學校打聽消息，以瞭解兒女下落。

▌ 學習活動

A 爲學校行政人員而設計的學習活動：

(一) 你將如何回應德昌的繼父？

(二) 學校方面是否有任何預防措施或方式去防止學生被人拐帶？

B 爲輔導教師而設計的學習活動：

(一) 若三位小孩返回學校，你將會運用哪些糾正行爲技巧去輔導和他們類似的小孩，處埋他們的憂慮以及和父母、

家人分離的問題？

(二) 你會怎樣營造一個支援小組，爲那些來自家中有同父異母或同母異父之兄弟姊妹的小孩提供輔導？

(三) 若在拐帶案發生前，你正輔導這個家庭，你會運用哪種策略去解決他們之間的衝突？

C 爲導師而設計的學習活動：

(一) 這是一件令人產生很多聯想的案情，你還需要知道什麼資料？你又爲何要知道這些事情？

(二) 若你是這件個案當中的鍾老師或華老師，你處理德昌提出的要求時所運用的手法是否有差別？試加以詳細說明。

(三) 若一位並沒有監護權的學生家長，當他或她企圖從你正在授課的教室內帶走其子女，並向你做出恐嚇時，你將會怎麼做？

D 爲對相關教育法令有興趣的教育工作者而設計的學習活動：

(一) 由於拐帶案是在上課期間發生，校方是否會因爲疏忽而要負法律上的責任？

(二) 若你是鍾老師或華老師，站在嚴謹的法理立場上，你是否認爲自己也要負部分法律責任？

E　爲採用小組討論的教育工作者而設計的學習活動：

　　集體草擬一份完全符合法令的計畫，並協調校長、輔導教師及導師等人通過採取的策略，對本個案所列舉的問題提供短期和長期的解決方案。

✎個案42：過分嚴懲一名縱火者

▶ 學生背景

　　就讀小五的克偉，他的父親是一位警察，一家人經常因為其父變換工作地點，而要隨著由一個社區搬到另一個社區居住，也因為要經常變換住址的關係，克偉在適應新環境方面，一直遇到困難，他自己也發覺自己不容易和其他同學相處。而老師的報告亦指出克偉粗野無理、說謊，以及無能力為他自己的所作所為負責。教師及克偉的母親皆感到非常憂慮，認為他要接受一些輔導。

▶ 發生事件

　　某個星期五早上，在克偉原定要接受輔導前，他的母親突然非常苦惱地來到學校與校長晤談。這顯然和克偉週四晚上在房間點火柴，引發一場小火的事件有關連。儘管在克偉的房間內，明顯地有證據證明現場的確發生一場小火災（一些燒焦的碎紙），但克偉依然不承認他曾在房間裡玩火。他的父親對克偉的否認感到非常憤怒，加上擔心兒子的安全及全家人的性命可能因那場小火而受到威脅。因而突然情緒失控，首次用皮帶大力打克偉（在他背上留下不少瘀傷的痕跡），然後再把兒子押到警察局，關在拘留室內一晚。而這位任職警界的父親第二日早上奉令離開該市鎮，到另一個市鎮上班一星期。

▌ 學習活動

A 為學校行政人員而設計的學習活動:

(一) 當克偉的母親要求你提供援助時,你會怎樣做?

(二) 你是否認為克偉是一枚不定時炸彈,威脅到其他學生的安全?而你將怎樣處置他?

(三) 你是否會檢舉克偉的父親虐待小孩?會或者不會的理由何在?

B 為輔導教師而設計的學習活動:

(一) 你和社區的心理學專家如何就克偉心理失調的成因及影響進行評估,並且作出結論?

(二) 你和學校義工將如何集中精力,對克偉的整個家庭進行輔導?

(三) 在繼續輔導克偉的過程當中,你將運用哪些輔導策略,諸如糾正行為療法、實物治療、寫日記療法以及支援小組,來加強對克偉的輔導工作?

C 為導師而設計的學習活動:

(一) 若校方只能夠透過教室日誌獲悉這件縱火案,你將如何做?

(二) 你可以如何和克偉的父母合作,幫助他們處理克偉一直存在的心理裂痕現象,以及他目前面對的難題?

(三) 你應該採取哪些預防措施以處理類似克偉那樣的學生？

D 爲對相關教育法令有興趣的教育工作者而設計的學習活動：

(一) 你是否覺得克偉父親對兒子的懲罰太過分？試從法律觀點加以評論。

(二) 校方可否對克偉的父親的體罰和不當拘留採取法律行動？

E 爲採用小組討論的教育工作者而設計的學習活動：

集體草擬一份完全符合法令的計畫，並協調校長、輔導教師及導師等人通過採取的策略，對本個案所列舉問題提供短期和長期的解決方案。

青少年問題行為與對策
—42 個案例討論　　classroom 叢書 9

著　　　者☞ 林怡禮、陳嘉彌

出 版 者☞ 揚智文化事業股份有限公司

發 行 人☞ 葉忠賢

責任編輯☞ 賴筱彌

執行編輯☞ 吳曉芳

登 記 證☞ 局版北市業字第 1117 號

地　　　址☞ 台北市新生南路三段 88 號 5 樓之 6

電　　　話☞ 886-2-23660309　886-2-23660313

傳　　　真☞ 886-2-23660310

法律顧問☞ 北辰著作權事務所　蕭雄淋律師

印　　　刷☞ 鼎易印刷事業股份有限公司

初版一刷☞ 2001 年 10 月

ＩＳＢＮ☞ 957-818-308-9（平裝）

定　　　價☞ 新台幣 200 元

網　　　址☞ http://www.ycrc.com.tw

E - m a i l ☞ tn605541@ms6.tisnet.net.tw

國家圖書館出版品預行編目資料

青少年問題行爲與對策－42個案例討論／林怡
禮、陳嘉彌著. -- 初版. -- 臺北市：揚智
文化，2001[民90]
　　面；　公分. --（Classroom系列；9）
　　ISBN　957-818-308-9（平裝）

1. 青少年問題—個案研究

544.67　　　　　　　　　　　　　90012622